二瓶弘行・青木伸生 編著
国語"夢"塾 著

小学校国語
説明文の発問大全

はじめに

教室にいる5年生の子どもたちに問うてみます。

「あなたは、なぜ説明文を学ぶのか」

当たり前ですが、指導者の教師にはわかっています。一編の説明文を学習材にして、どんな説明文の読みの力を獲得させるのかが明確でなければ単元計画も立てられず、1時間の授業も構想できません。けれども、その学び手である子どもたちは…。

例えば、富山和子氏の説明文『森林のおくりもの』と、教室にいる5年生の子どもたちがはじめて出合います。高学年にふさわしい教科書11ページに及ぶ文章です。

みんなで全文を音読することから始めます。段落を意識しながら交代で読み進めます。

しばらく音読が続く中で、教師は、ふと気づきます。

あの席のあの子、すでに目がうつろになっている。こっちの子は鉛筆をいじり始め、どこを読んでいるかわからなくなっている。さらにあの子が、あの子が、バタバタと「倒れる」。文章の途中で学級の半数以上の子が倒れている。彼らは読み続けることを拒否している。

その後の十数時間の学習によって、さらに子どもたちは次々に倒れていきます。

そうして、単元の最終段階、筆者・富山和子さんの伝えたいことを読み取り、要旨をまとめ、さらに、筆者への自分の意見を文章化するという授業。その学習が成立するのは、「生き残った」わずかな子どもたちのみ…。

そんな説明文の授業から脱却するために、説明文とはそもそもどのような文章なのか、物語と何が違うのか、子どもたちは学ばなければなりません。そして、私たち教師は、その説明文の確かな読み方を獲得させる、説明文の授業をつくっていかなければなりません。

授業の命は、「発問」です。この「発問」が、教師が精一杯の教材研究から生み出す「子どもに発する問い」にとどまることなく、学習者の子どもたち自身が「自らに発する問い」となったとき、真の「主体的・対話的で深い学び」は、きっと実現します。

本書では、教科書掲載の様々な説明文について、綿密な教材研究を基に、どんな発問を設定していけばよいのか、若い先生方にも受け取っていただけるよう丁寧に解説しました。説明文の「明日」の授業づくりに、少しでもお役に立てることを心から願っています。

2021年7月

二瓶　弘行

もくじ

第1章から第11章は、それぞれ以下のような構成になっています。

1　教材分析と単元構想
①教材分析と説明文を読み解くための中心課題
②単元構想と発問
③発問で見る単元の見取図
2　発問を位置づけた単元計画
3　授業展開例

序章
説明文ではぐくむ言葉の力

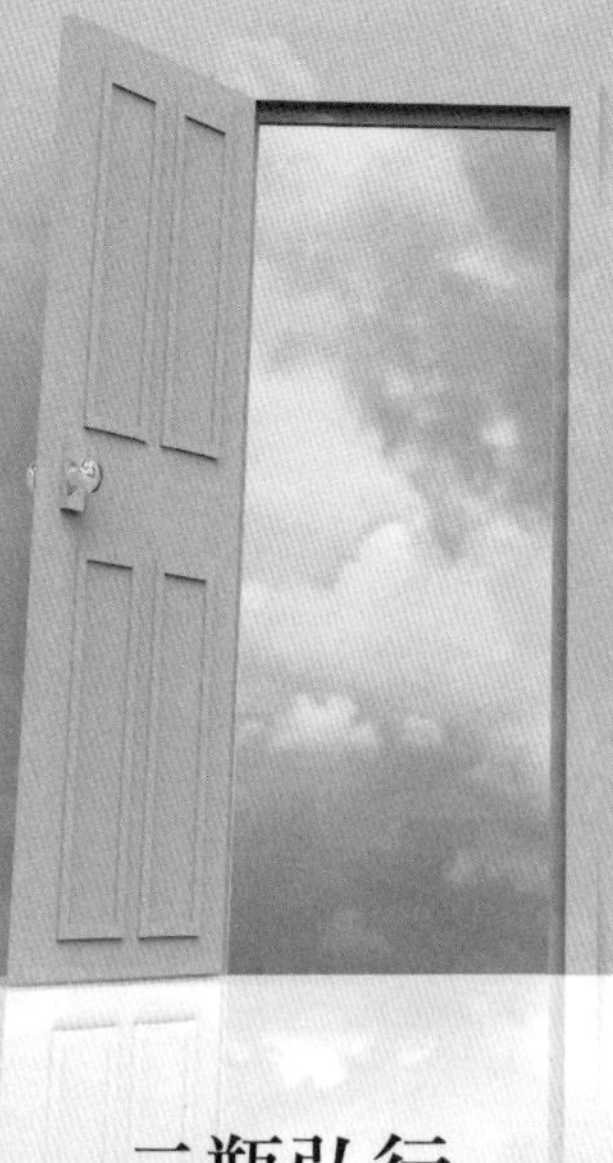

二瓶弘行

説明文の授業で教えるべきこと

どんな説明文の学習でも、「段落」意識をもたせることを重視します。すべての文章は、段落という「内容の小さなまとまり」からできていること。さらに、この「小さなまとまり」が集まって、いくつかの大きなまとまりになり、1つの文章をつくっていること。

多くの国語教室でも、以上のような「文―段落（内容の小さなまとまり）―段落のまとまり（内容の大きなまとまり）―文章」という段落指導はなされるに違いありません。だから、発問によって、文章の最初の段落から順番に、それぞれの段落に書かれている内容を読み取りながら、いくつかの大きなまとまりをつくり、最終段階で、文章全体を通して何が書かれているのかを把握するという説明文の授業が散見されます。

けれど、このような展開の繰り返しでは、おそらく子どもたちは説明文を読めません。例えば、6年『イースター島にはなぜ森林がないのか』は、27の段落で構成される長い文章です。第1段落から順に書かれている内容を読み取り、段落のまとまりを考えていく過程で疲れ果て、読む行為そのものからきっと遠ざかっていきます。

だから、教えなければなりません。**説明文とは何か、説明文をどのように読むのか、**を。

説明文ではぐくむ言葉の力①―伝えたいことを正確に受け取る力

当たり前ですが、1年生が読む短い説明文『いろいろなふね』にも、3年生が読む説明文『すがたをかえる大豆』にも、5年生が読む長い説明文『和の文化を受けつぐ』にも、他のどんな説明文にも、その文章を書いた人、筆者がいます。

では、筆者はなぜその説明文を書いたのか。

もし、教科書に掲載されている説明文の筆者たちに実際に会って、書いた理由を質問したならば、すべての筆者は口をそろえてこう答えるでしょう。

「文章を読んでくれる読者に、自分の伝えたいことを受け取ってもらいたいから」

その筆者の「伝えたいこと」を、学習指導要領では、「事柄」と「意見」の大きく2つで捉えることができるとしています。さらに、その「伝えたいこと」の中心、すなわち短くまとめたものを「要旨」と呼びます。

従って、説明文を確かに読めたということは、まずは、その説明文の筆者が読者である私たちに「伝えたいこと」とは何なのかを正確に読み取り、受け取ることができた、つまり**要旨をまとめることができた**ということです。

説明文の授業で育成すべき「言葉の力」の重要な1つは、だから、筆者の「伝えたいこと」を正確に受け取る力と言えるでしょう。

この筆者の「伝えたいこと」を正確に受け取る力を確かなものにするには、その力の下位に位置づく様々な読みの力、例えば、文章の全体構成（序論―本論―結論・尾括型／頭括型／双括型／順序型）を捉える力、「問い」と「答え」の対応を押さえる力、本論の意味段落構成を捉え、要約する力、さらには指示語・接続語・キーワード・文末表現を適切に検討する力、などが必要になります。

説明文ではぐくむ言葉の力②―伝えたいことの伝え方を検討する力

2つめに重要になる「言葉の力」は、「伝えたいこと」の「伝え方」を検討する力です。説明文の筆者は、決して意味もなく言葉を並べていません。読者に「わかったよ」と、「伝えたいこと」を受け取ってもらうために言葉を選び、文をつくり、段落を考え、様々な工夫をしながら、文章を書いているはずです。

だとしたら、筆者が「伝えたいこと」を伝えるために、どんな表現の工夫をしているのか、その伝え方を学ぶ意義はとても大きい。

ただ、何となく文章を読んでいては、筆者の「伝えたいこと」を納得して受け取ることはできません。**その筆者が「伝えたいこと」が、どのように表現されているかを考えることが必要**です。そして、**その表現の仕方（論の展開の仕方）について、そのよさを自分なりに考えてみることが重要**です。

例えば、『すがたをかえる大豆』の筆者・国分さんは、本論の意味段落を「①豆まきの豆、煮豆　②きなこ　③豆腐　④納豆・味噌・しょうゆ　⑤枝豆・もやし」の順に並べています。「それはなぜだろう」と検討することによって、「固い大豆にいろいろと手を加えておいしく食べる工夫をしてきたこと」、そして「そんな先人の知恵に驚かされること」を読者である自分に一生懸命に伝えているのだと、納得して受け取ることができるのです。

この「伝えたいこと」の「伝え方」を検討する力は、納得して正確に要旨を読み取る力と密接に関連するだけでなく、自分が筆者となって説明文（説明的文章）を書く際に、**「伝えたいことを適切に伝えるための文章表現力」に直結する力**となります。

説明文ではぐくむ言葉の力③――伝えたいことに対して感想を表現する力

そして、３つめの説明文ではぐくむ「言葉の力」。それは、筆者の「伝えたいこと」に対して、自分の感想・意見をもち、表現する力です。

すべての説明文の筆者は、伝え方を様々に工夫しながら、「伝えたいこと」を読者の私に伝えようとして、この文章を書いた。私は、丁寧に読み、筆者の「伝えたいこと」を受け取り、要旨も短くまとめることができた。これで、よし。

けれども、まだこの説明文を確かに読めたとは言えません。筆者の「伝えたいこと」を受け取ったなら、その筆者に、**読者として「返信」しなければならないから**です。「筆者のあなたの伝えたいことはわかったよ。それに対して読者の私はこう思ったよ」

読み取った、筆者の「伝えたいこと」に対する感想、または意見をもつこと。そして、会ったことのない人だけれど、それを筆者に返すつもりで自分の言葉で表現すること。そんな筆者への「返信」ができて、はじめてこの説明文を確かに読めたというゴール。

以上3つの「言葉の力」を獲得することは、これからの人生で出合う様々な説明文を読むためにとっても大切なこと。だからこそ、教室での説明文の学習があるのです。

これら「言葉の力」を確かにはぐくむには、学習材となる説明文の教材研究が必須です。

そして、**その綿密な教材研究によって生み出された「発問」こそ、授業づくりの命**です。

第1章 じどう車くらべ

広山隆行

1　教材分析と単元構想

①教材分析と説明文を読み解くための中心課題

『じどう車くらべ』（光村図書1年）は、教科書では、本教材で学んだ事例のあげ方などを基にして「書くこと」領域の「じどう車ずかんをつくろう」につなげ、本や図鑑で調べる複合単元として設定されています。複合単元の場合、「読むこと」領域よりも、「書くこと」領域の学習に意識が向いてしまい、内容理解が図られないケースもありますが、本書では、しっかりと内容を理解し、深めるような展開を紹介します。

本教材の題材である「じどう車」は、子どもにとって関心の高いものです。そこで、主に「説明文の構造」と「深い内容理解」について叙述を基に捉えていきます。指導する際には、文章中に「どのように」書かれているかだけでなく、書かれている言葉からさらに

「それってどういうこと?」と考えることで、一問一答に頼らない深い学びに誘います。

本教材は、9段落構成となっており、それぞれの段落の要点は以下のようになります。

1 どうろをはしるいろいろなじどう車
2 どんなしごとをしているか
3 どんなつくりになっているか
4 ひとをのせてはこぶバスやじょうよう車
5 ざせきがひろく、おおきなまどがある
6 にもつをはこぶトラック
7 ひろいにだいとタイヤがたくさんついている
8 おもいものをつりあげるクレーン車
9 じょうぶなうでがあり、しっかりしたあしがついている

説明文の構造は、はじめ（話題提示）・なか（具体的な説明）となり、おわり（まとめと筆者の思い）がありません。1段落から3段落までが「はじめ」になります。1段落に話題提示があり、2・3段落は、「問いの文」になります。4~9段落が「なか」になります。4・5段落が「バスやじょうよう車」、6・7段落が「トラック」、8・9段落が

「クレーン車」を説明しています。それぞれ最初の段落で車の「しごと」について説明し、それを受けて「つくり」が述べられています。これは2段落の「問い」の答えが最初の段落（しごと）に、3段落の「問い」の答えが後ろの段落に述べられています。いずれも同じ型で説明が進み、1年生の子どもにもわかりやすい展開になっているため、その後の教科書の挿絵を使った「はしご車」について書く学習や「書くこと」の複合単元へとつながりやすくなっています。文章構成図は、次のようになります。

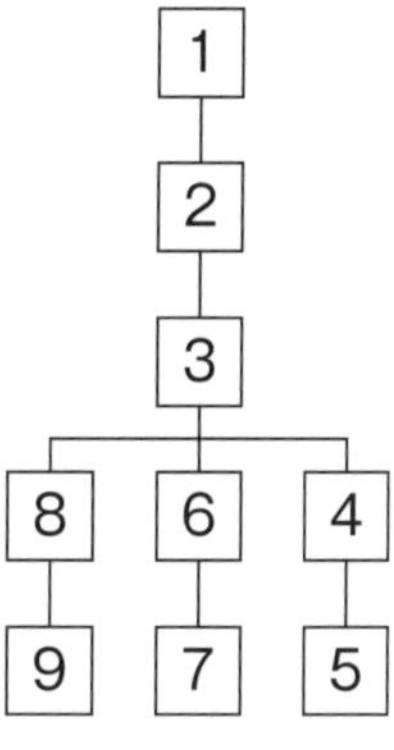

ここでは、説明文の「なか」にあたる具体的な「じどう車」の例示の並び順についても考え、中心課題**「どうしてこの順番になっているのかな？」**を設定し追究していきます。書かれている順序にも意味があることを感じさせます。

②単元構想と発問

説明文をわかりやすく伝える工夫として、「順番」について考えさせます。「じどう車」を説明する2つの段落が「しごと」と「つくり」に分けられ、「そのために」という接続詞でつながっていることに触れます。「じどう車」の例示では、一般的なものから特殊なものへという流れについて触れます。そのために、次の3つの重要発問を行います。

重要発問①
「じどう車の何を比べることができるのかな？」

説明文の本文に入る前に、題名から考えます。題名をきちんと読むことで見通しをもって読み進めることができます。ただし「題名は何ですか？」と聞くだけでは意味がありません。そこで「じどう車の何を比べることができるのかな？」と子どもたちに問いかけます。重要発問の前に「どんなじどう車を知っていますか？」と事前に問い、たくさんのじどう車を黒板に書いておくと、その違いについて考えるはずです。そのうえで、教科書に載っている文章を読み「教科書では何を比べていたのかな？」と切り返します。すると

2・3段落にある「しごと」と「つくり」について比べていることがわかります。ここまでくると、教材文が次のように大きく2つに分かれることが説明できます。

「はじめ」…話題提示
「な　か」…詳しい説明（「バスやじょうよう車」「トラック」「クレーン車」）

この説明文には「おわり」（まとめと筆者の思い）がありません。「なか」の3つの「じどう車」は、2つの段落がそれぞれの問いに対する答えで構成されています。ですから、「しごと」と「つくり」という言葉についてはきちんと押さえておきましょう。

重要発問②

「どんな仕事をしていますか？」
「どんなつくりになっていますか？」

「なか」の段落に書いてある「バスやじょうよう車」「トラック」「クレーン車」はすべて、「どんな仕事をしているか」「そのために、どんなつくりになっているか」の説明でできています。「はじめ」で提示された「問い」に対する答えを教科書の中から見つけやすくなっています。まず「バスやじょうよう車」を使って、「問い」と「答え」が対応していることをきちんと押さえましょう。後の「トラック」「クレーン車」ではスムーズに「しごと」と「つくり」が見つかるはずです。一方で「しごと」と「つくり」を教科書から見つけるだけでは、物足りません。「座席が広いのはどうして?」「大きな窓があるのはどうして?」といった切り返し発問も加え、より深い学びに導きたいところです。

重要発問③

「どうしてこの順番になっているのかな?」

前の時間に「はしご車」の説明文を書かせています。そこで「はしご車はどこに入れたらいいと思う? 最初? 2番目? 3番目? 最後?」と問います。すると「じどう車」がどんな順番で書かれているのかに自然に気がつきます。そこで「どうしてこの順番になっているのかな?」と問いかけることで、普段目にしやすい車から、あまり見かけない車へ、つまり「一般から特殊へ」という順番に気づかせます。一年生ですから、難しい言葉では説明できませんが、上の学年に向けてきちんと触れさせておきたいところです。

③発問で見る単元の見取図

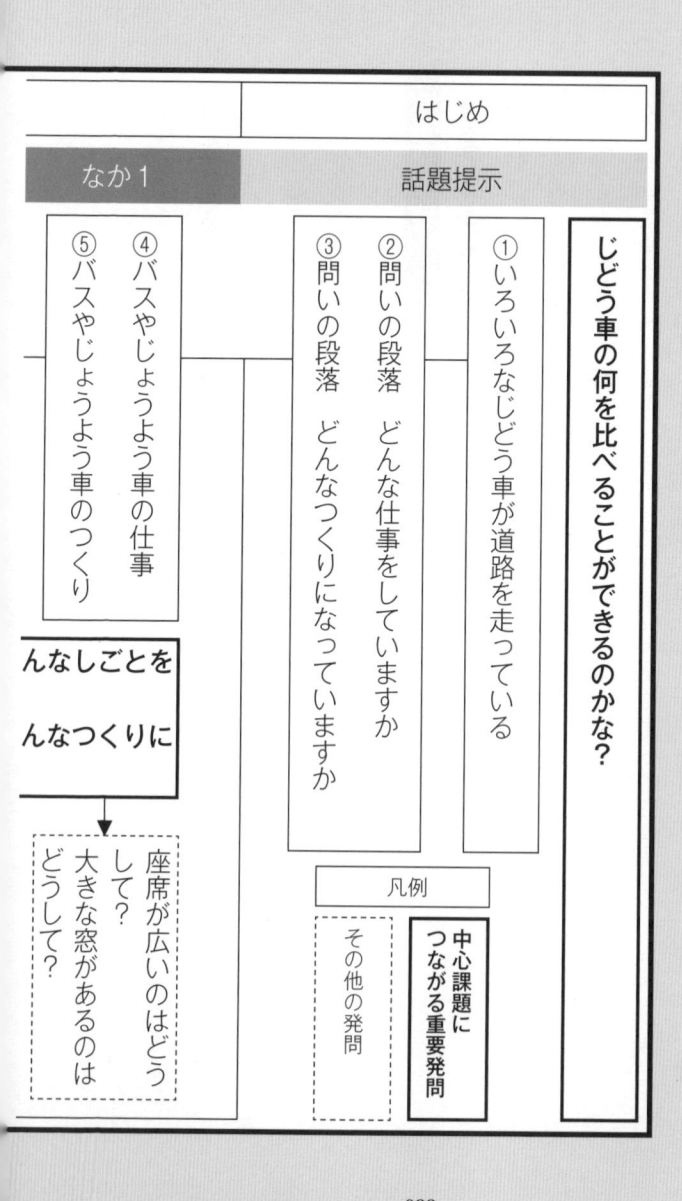

はじめ

話題提示

じどう車の何を比べることができるのかな?

①いろいろなじどう車が道路を走っている

②問いの段落　どんな仕事をしていますか

③問いの段落　どんなつくりになっていますか

凡例

中心課題につながる重要発問

その他の発問

なか1

④バスやじょうよう車の仕事

⑤バスやじょうよう車のつくり

んなしごとを

んなつくりに

座席が広いのはどうして?

大きな窓があるのはどうして?

中心課題	（なか）	なか	
	（なか4）	なか3	なか2
どうしてこの順番になっているのかな？	はしご車	⑧クレーン車の仕事 ⑨クレーン車のつくり	⑥トラックの仕事 ⑦トラックのつくり
	はしご車は、どんな仕事をしていますか？ はしご車は、どんなつくりになっていますか？	それぞれのじどう車は、どしていますか？ それぞれのじどう車は、どなっていますか？	
	どんな感じで書けばいいかな？	うでってどこ？ のびたりうごいたりってどういうこと？ あしってどこ？	荷台が広いのはどうして？ タイヤはいくつあるの？

2 発問を位置づけた単元計画

●単元の中心課題
◎単元の中心課題につながる重要発問
○その他の発問・指示
・子どもの反応

次／時	子どもの学習活動	主な発問と反応
第一次 1時	1 知っている「じどう車」についてたくさん出させる。 ・意見を黒板に書かせ、自動車についての定義を確認する。 2 題名について考える。 ・「比べる」ということについて考えさせる。 ・意見を黒板に書いておく。 3 「比べる」ことを確認しながら音読する。	**○どんなじどう車を知っていますか？** ・バス　・トラック　・救急車　・消防車など じどう車＝道路を走っている **◎じどう車の何を比べることができるのかな？** ・大きさ　・形　・色 ・名前　・仕事　・つくり **○教科書では何が比べてあるのか読んでみましょう。** ・じどう車の仕事。 ・じどう車のつくり。

2時		
1	本時の学習課題を確認する。 ・課題を示してから音読をさせる。	○**この説明の文章は、みんなに何を問いかけていますか？** ・じどう車がどんな仕事をしているか。 ・じどう車がどんなつくりになっているか。 ・本当だ。なんだか聞いている気がする。
2	「問いの文」という言葉を知る。	
3	「しごと」という言葉について考える。	○**「しごと」って何ですか？** ・働くってこと。 ・何かをすること。
4	「つくり」という言葉について考える。	○**「つくり」って何ですか？** ・つくってあること。 ・仕組み。 ・どんなふうにつくってあるかってこと。
5	「はじめ」と「なか」について説明する。 ・学級の実態に応じて「はじめのおへや」「なか（せつめい）のおへや」などとわかりやすく言い換えてもよい。	○**いくつのじどう車が出てきますか？** ・４つです。 ・バスとじょうよう車は１つのまとまりになっているね。
6	次時への見通しを話す。	

第二次 1時

1 本時の学習課題を確認する。

2 バスや乗用車の「しごと」と「つくり」について正しく読み取る。

3 バスや乗用車のつくりについて深く読み取る。

4 本時の振り返りをする。

○バスやじょうよう車ってどんな車ですか？
・家族が乗る車。
・たくさんの人を乗せる車。
・いろんなところに行くことができる車。

◎バスやじょうよう車は、どんな仕事をしていますか？
・人を乗せて運ぶ仕事。

◎バスやじょうよう車は、どんなつくりになっていますか？
・座席のところが広くつくってある。
・外の景色がよく見えるように、大きな窓がたくさんある。

○座席が広いのはどうして？
・座っていて楽になるように。
・遠くに行くときに疲れないため。

○大きな窓があるのはどうして？
・眺めがいいから。
・今どこを通っているのかわかるから。
・外の景色が見えるから。

時	学習活動	発問・予想される反応
2時	1 本時の学習課題を確認する。 2 トラックの「しごと」と「つくり」について正しく読み取る。 3 トラックのつくりについて深く読み取る。 4 本時の振り返りをする。	○**トラックってどんな車ですか?** ・大きな車。　・荷物を乗せている。 ◎**トラックは、どんな仕事をしていますか?** ・荷物を運ぶ仕事。 ◎**トラックは、どんなつくりになっていますか?** ・広い荷台がある。　・タイヤがたくさんついている。 ○**荷台が広いのはどうしてですか?** ・一度にたくさんの荷物を運ぶため。 ○**タイヤはいくつあるの?　それはどうしてですか?** ・6つ（挿絵）。　・荷物が重くなりパンクしないため。
3時	1 本時の学習課題を確認する。 2 クレーン車の「しごと」と「つくり」について正しく読み取る。 3 クレーン車のつくりについて深く読み取る。 4 本時の振り返りをする。	○**クレーン車ってどんな車ですか?** ・工事現場で見かける。　・背の高い車。 ◎**クレーン車は、どんな仕事をしていますか?** ・重いものをつり上げる仕事。 ◎**クレーン車は、どんなつくりになっていますか?** ・丈夫な腕がある。　・しっかりした脚がある。 ○**「うで」ってどこですか?　どんなふうに動くの?** ・動く場所が腕。　・伸びたり動いたりする。 ○**「あし」ってどこですか?** ・タイヤではないところ（挿絵）。

4時

1　本時の学習課題を確認する。

2　「はしご車」について、説明文を書く。

・説明文を書く型を確認する。

3　実際に書く。

・書きにくい子どもが多い場合、下の発問ではしご車について確認する。

4　書いた文章をお互いに読み合う。

5　授業の振り返りを行う。

○教科書の32ページを開きましょう。はしご車についての説明の文章を書いてみよう。

○どんな感じで書けばいいかな？

・バスやじょうよう車のときみたいに書けばいい。

・教科書を見ながら書くといい。

◎はしご車は、どんな仕事をしていますか？

◎はしご車は、どんなつくりになっていますか？

※学級の実態に応じて、左の型を黒板に書いたり、ワークシートに載せて書かせたりしてもよい。

> はしご車は［　　　］しごとをしています。
> そのために、［　　　］ます。
> ［　　　］ます。

第三次
1時

1 今まで学習してきたことを確かめながら、音読する。

○いろんなじどう車が出てきたね。勉強を思い出しながら音読しましょう。

2 本時の学習課題を確認する。

○説明の文章の順番について考えよう。

3 前時の学習を活用して考える。

○どんなじどう車がどんな順番で書いてあったかな？
・バスやじょうよう車、トラック、クレーン車の順。

○はしご車の説明をどこかに入れるとしたら、どこに入れたらいいかな？　最初？　2番目？　3番目？　最後？
・最後のところ。
・どこでもいいんじゃないかな。

4 中心課題について考える。

●どうしてこの順番になっているのかな？
・よく見かける順番になっている。
・近くにある順番になっている。
・読んだときにわかりやすいようになっている。

5 本時と単元の振り返りをする。

3　授業展開例

①第一次1時の授業展開例

T　どんなじどう車を知っていますか？

　黒板に「じどう車」と書いて、知っているじどう車を出させます。ここでたくさん出た意見を基に、それぞれのじどう車の同じところと違うところを考えます。自分たちの出した意見なので授業に必然性が生まれます。

C　トラック！
C　バス！

C　消防車！

　すると、教科書に載っていない、救急車、パトカー、タクシー、ゴミ収集車などがたくさん出てきます。それらもすべて黒板に書いておきましょう。「じょうよう車」という言葉は出にくいので「おうちの人が乗っている車」「ふつうの車」という意見が出てきたら「『じょうよう車』っていうんだよ」と教えます。

T　たくさん出してくれたね。出てきたじどう車で同じところってどんなところ？
C　タイヤがついている。
C　人が乗っていて、運転している。
C　道路を走る。

　まずは、それぞれの共通点を見つけ、「じどう車」という定義をきちんと押さえます。
　そのうえで「比べる」視点に移ります。

T　今日から「じどう車くらべ」を勉強します。題名は「じどう車くらべ」になっているけれど、いったい、**じどう車の何を比べることができるのかな?**

「比べることができるか」と問うことで、教科書にある「しごと」「つくり」以外にも比べる視点があることに気づかせます。

T　「比べる」ってどういうことかわかる?
C　違うところを探すこと。
C　何かと何かを調べること。
T　それじゃあ、何を比べることができるかな?　違うところってどんなところ?
C　大きさ。
C　形。
C　色。

その他に、名前、場所、重さ、タイヤの数、乗れる人の数なども出てくるでしょう。また、「しごと」「つくり」もここで出てくるかもしれませんが、ここでは深く触れずに黒板に書いておきます。「比べる」という言葉が難しい場合、「違うところはどんなところ?」とわかりやすく説明してもよいでしょう。

T　教科書は何が比べてあるのかな。読んでみましょう。
C　教科書には「どんなしごと」って書いてあったよ。
C　「つくり」も比べてあるよ。
T　よく見つけたね。それじゃあ、次は「しごと」と「つくり」って何のことなのか考えてみましょうね。

「じどう車のしごと」「じどう車のつくり」についてこれから読んでいくという見通しをもたせて1時間目の授業を終えます。次の時間には、「しごと」と「つくり」とは何なのか、その定義を押さえます。

②第二次1時の授業展開例

説明文の「なか」の部分の授業です。ここから3時間は基本的に同じ流れで授業が進みます。授業の前半の発問は、説明文の構造を扱ったものです。授業の後半は、それぞれの「じどう車」を深く読むための固有の発問となります。教科書を読んだ後、授業に入りましょう。

T　バスやじょうよう車ってどんな車ですか?
C　家族が乗る車。
C　たくさんの人を乗せる車。
C　いろんなところに行くことができる車。
T　そうだね。よく見かけるじどう車だね。さっき教科書を読んだから聞いてみるよ。バスやじょうよう車は、**どんな仕事をしていますか?**
C　人を乗せて運ぶ仕事です。
T　どうして人を乗せて運ぶ仕事だってわかったの?

C　だって、教科書に書いてあります。
T　教科書のどこに書いてあるのかな？　みんな見つけられるかな？

最初は一問一答の形で答えさせて、全員に確認してもよいでしょう。学級の実態によっては、発問の後、答えとなる部分に線を引かせたり、ノートに書かせたりしてもよいでしょう。２・３時間目になるに従って、自力で答えになる部分が探せるようにします。

T　もう１つ聞いてみるね。バスやじょうよう車は、**どんなつくりになっていますか？**
C　座席のところが広くつくってあります。
C　外の景色がよく見えるように、大きな窓がたくさんあります。
T　どうしてそう思ったの？
C　ここも教科書に書いてあります。
T　そうか。みんなも見つけられたかな？

1年生ですから、同じパターンで問われると「簡単だよ！」「すぐ見つけられるよ！」

と調子が出ます。このように、発問をちょっとだけ変化させることで「できる！」「わかる！」という満足感・充実感を与えます。その後、教科書からはすぐに導けない（答えが書いてない）発問を行います（前掲の単元構想には2つ載せていますが、時間によってはどちらか1つだけ聞いてもよいでしょう。もちろん先生なりの発問もＯＫです）。

T　そんなつくりになっているんだ。だけどさぁ、座席が広いのはどうして？
C　座ってる人が、長い時間でも気持ちよくいられるようにするため。
C　遠くに行くときに疲れないためじゃないかな。
T　なるほどね。それじゃあ、大きな窓があるのはどうして？
C　眺めがいい方がいいからだと思う。
C　バスだったら、「今どこを通っているのかな」「降りる場所はまだかな」ってことがわかるようにするためだと思う。
T　なるほどなるほど。だからバスやじょうよう車のつくりはそうなっていたんだね。

この後、必要に応じて黒板にまとめを書いたり振り返りをしたりして授業を終えます。

③第三次1時の授業展開例

本時が「じどう車くらべ」を読み取る最後の授業になります。前時に「バスやじょうよう車」「トラック」「クレーン車」の説明の型を用いて「はしご車」を書いています。この「はしご車」をどの順番に入れるかを通して、説明の順番について問いかけていきます。「一般的なもの（多く見かけるもの）から特殊なもの（数量の少ないもの）の順番になっていることに気づかせます。

授業ではまず、今まで学習してきたことを確かめながら、次のように聞いたうえで、どんなじどう車がどんな順番で出てきたか考えながら音読させます。

T　説明の文章の順番について考えよう。

これが本時の学習課題です。「めあて」として黒板に書いてもよいでしょう。そして、次のように発問します。

T　どんなじどう車がどんな順番で書いてあったかな？　出てきた順番にノートに書きましょう。

単元の最後なので、きちんとノートに書かせます。「バスやじょうよう車」「トラック」「クレーン車」（「はしご車」）が順番に書けているか確認します。教科書に出てくる車は4つ（はしご車を入れて5つ）でよいのですが、「バス」「じょうよう車」は別々の仕事とつくりではなく、同じ仕事とつくりであるものとして説明文に出てきていることを押さえておきましょう。そのうえで、前時の「はしご車」について触れます。

T　前の時間、はしご車の説明の文章を書いたの覚えている？　はしご車の説明をどこかに入れるとしたら、どこに入れたらいいかな？　最初？　2番目？　3番目？　最後？

学級の実態に応じて選択肢を用意したり、自由に発言させたりするとよいでしょう。大切なのは発言するときに理由が言えることです。ここでは、理由の正誤は関係ないので、子どもなりの理由を聞きます。

C　最後だよ。だって、バスやじょうよう車を最初に勉強して、トラックとクレーン車が出てきて、最後にはしご車を書いたから、最後だよ。

C　3番目でもいいんじゃない？　はしご車もクレーン車も背が高いから似ているよ。

C　どこでもいいんじゃないかな。順番なんて関係あるの？　最初でもいいんじゃない？

子どもの発言をひと通り受け止め、意見が出尽くした後に中心課題について考えます。

T　教科書は、バスやじょうよう車、トラック、クレーン車の順番で書いてあるけれど、**どうしてこの順番になっているのかな？**

これが、本単元の中心課題です。意見が出にくい場合、「3番目でもいいんじゃない？はしご車もクレーン車も背が高いから似ているよ」という発言を手がかりにします。「順番に意味はあるのかな？」と揺さぶってもよいでしょう。子どもは難しいと感じるかもしれませんが、２年生以降の説明文の学習にも関わるのでしっかり考えさせたい課題です。

C　たくさん見かける順番になっている。
C　ぼくたちの近くにある順番になっている気がする。
C　読んだときにわかりやすいようになっていると思う。
C　車の数の多い順じゃない？　だって、じょうよう車が一番多く走っているでしょう。次にバスかな。
C　そうだね。その次がトラックかな。クレーン車はあまり見ないね。
T　みんなが言ってくれたように、説明の文章は読む人がわかりやすいように、出てくる順番を工夫しているみたいだね。これまで出てきた説明の文章を確かめてみたり、これから出てくる文章を確かめてみたりしてもおもしろいね。

ここでは、学習した視点を他の説明文でも使えるかどうか投げかけ、オープンエンドで授業を終える形を示しました。学級、学校の実態に応じて、まとめ、振り返りとしてきちんと順番にはきまりがあることを押さえてもよいでしょう。

第2章
ビーバーの大工事

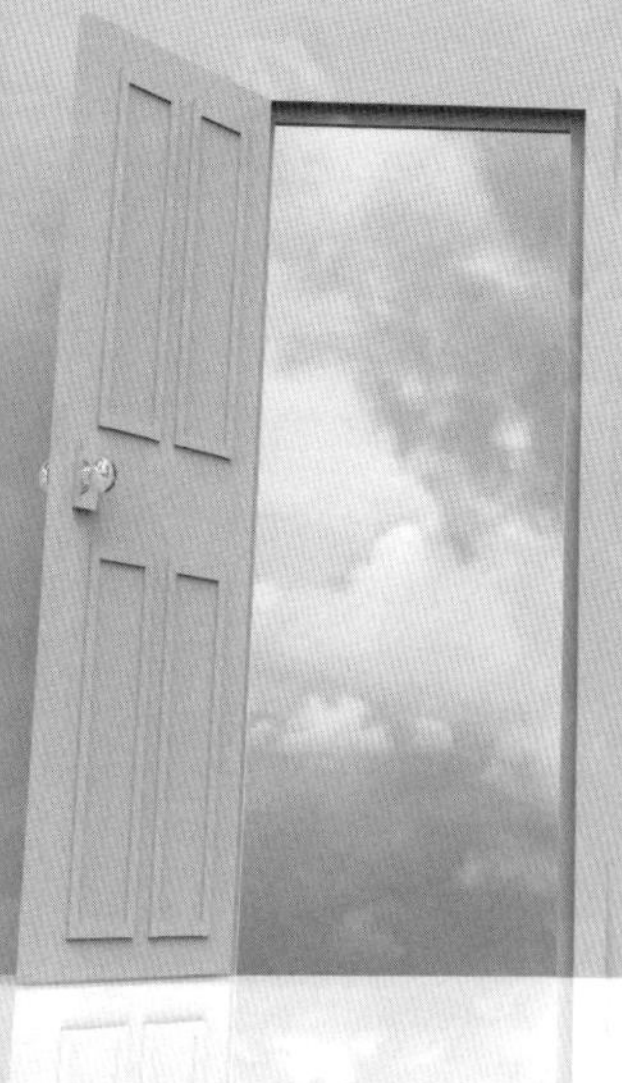

弥延浩史

1　教材分析と単元構想

①教材分析と説明文を読み解くための中心課題

『ビーバーの大工事』（東京書籍２年）は、教科書に掲載するために書き下ろされた説明文です。筆者は、多摩動物公園や上野動物園の園長を務めた方であり、野生動物の保護にもかかわった経歴があります。

ビーバーという、私たちにはあまり馴染みがない動物が、どのように巣づくりをするのかということを、時間の順序に従って紹介しています。低学年の説明文には、こうした時間の順序に合わせて述べられた説明文がいくつかあります。教科書では、本教材で学んだ事例のあげ方などを基にして、「どうぶつのひみつをしらべて、みんなにしょうかいしよう」という言語活動が設定されています。

説明文の学習で陥りがちなのが、書かれていることの表面をなぞって終わってしまうことです。「○段落にはどんなことが書かれていますか？」というように、段落をぶつ切りにしながら書かれていることを問いかけていくものです。そこには学びの必然性がありません。また、学びと学びのつながりも自覚することなく授業は終わるでしょう。

やはり、低学年であっても、単元の学習を通して学んだことは何か、次の学びの際に「前の学習とつながる」ということを、子どもたちが自覚できることが重要だと考えます。そのためには、教材の特性を生かし、学習の系統性を押さえた授業づくりをする必要があります。

段落の構成については、1段落から9段落は「巣づくりの材料集め」について、10段落から15段落は「ダムづくり」について、16段落から20段落は「巣づくり」について書かれています。全文を読んでみるとわかるのですが、本教材には擬音語や比喩表現が多用されています。これは、本教材の特性の1つであると言えるでしょう。私たちにとってあまり馴染みのないビーバーが、いかに「大工事」をして巣をつくっているのかをイメージさせることにひと役買っています。

こうした時間の順序で述べている説明文を、「時系列型」と呼びたいと思います。これは、結論の位置で頭括型・尾括型・両括型という括りで表すタイプの説明文と、やや異なる性質をもつものであると考えます。このことも、本教材の特性です。

また、本教材には「問いの文」がありません。しかし、「問い」を立てることはできます。それは、「どうしてビーバーの大工事という題名なのか」ということです。つまり題名そのものが問いになるのです。「工事」ではなく「大工事」と表しているのは筆者であり、ここに筆者の意図が表れていると言えるでしょう。よって、単元冒頭で「ビーバーの『大工事』とはどんな大工事なのか」を問うことから始め、**「この説明文を書いた人が、読み手であるみなさんに一番伝えたかったことは何でしょう」**という中心課題に向けて追究を進めていきます。

最終的なゴールとしては、自分で集めた情報を基に動物のひみつをまとめるという「書く活動」になります。それには、『ビーバーの大工事』がどのような書かれ方をしているのかという点について押さえていく必要があります。学びの必要感を生み出すために、題名を問いにすることで、「なぜ筆者はこのような題名にしたのだろうか」ということを、本文を手がかりにしながら主体的に解き明かしていくことにつながるでしょう。

②単元構想と発問

単元の最後には、「どうぶつのひみつをしらべて、みんなにしょうかいしよう」という言語活動を設定しています。そのためには、『ビーバーの大工事』で何をどのような順序で説明されているかを捉える必要があります。また、文章を読んではじめて知ったことなどをまとめておくことで、自分が書き手になったときに活用することができます。「書くために読む」ということを念頭に学習を進めるため、次の重要発問を行います。

重要発問①

「ビーバーの「大工事」とは、どんな大工事でしたか？　一文でまとめて発表しよう」

説明文の学習を進めていくうえで、子どもたちに、文章全体を3つに分けるための「見方・考え方」を指導する必要があります。しかし、この説明文は「はじめ・なか・おわり」というような分け方はできません。冒頭からビーバーが木を切り倒すという巣づくりにつながる部分の説明から始まり、最終段落もビーバーがダムをつくることが巣づくりの話題につながっています。こうして時系列で述べられている説明文なので、「はじめ」と

「おわり」に対応する段落がないのです。

そこで、ビーバーが何をしているかというところに目をつけて、文章全体を分けることができないかということに気づかせることが重要になります。

そこで、題名そのものを問いにして、重要発問①を子どもたちに投げかけます。すると、ビーバーの「大工事」とはどんな大工事なのかを考え、大きく「木を切り倒すこと」「ダムをつくること」「巣をつくること」の3つに分かれていることを捉えることにつながります。

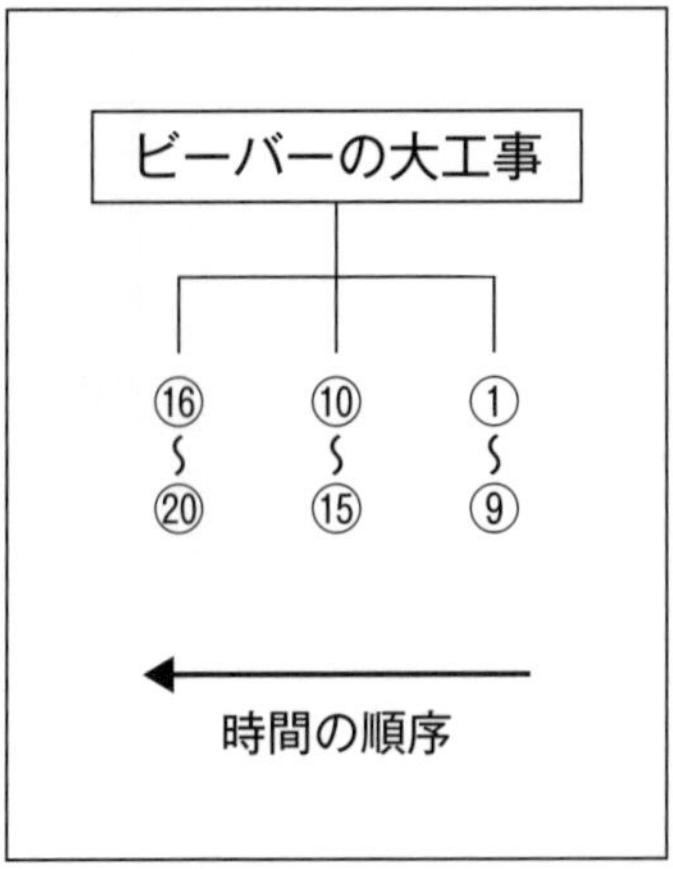

この3つを短冊にして表しておくことで、後で「この順序は変わってもいいかな?」と揺さぶることもできます。時系列型の説明文では、事例の並べ替えのようなことは基本的にできません。2年生の子どもたちにも、「書かれている順番には意味がある」ということを考えさせることができるでしょう。

重要発問②

「この文章はなくてもよいのではないですか？」

『ビーバーの大工事』にある擬音語や擬態語が含まれた文や段落を削ったものを黒板に提示します。すると、子どもたちは、文章や段落が一部抜けていることに気づくので、この発問をします。擬音語や擬態語などは、明らかに意図的に筆者が入れて書いています。読み手を意識して、こうした表現を使っていることを押さえます。そうすることで、自分自身が文章を書くときに生かせるようにします。

重要発問③

「『ビーバーの大工事』を読んで、あなたが一番すごいと思ったところはどこですか？」

『ビーバーの大工事』を読んで、最もすごいと思ったところを選び、それを基に話し合います。体の小さなビーバーが大きな木を切り倒し運ぶところや、家族で協力してダムをつくるところなどがあげられるでしょう。これらが、動物について書かれた本を読み、そのひみつを紹介するという活動につながります。また、「一番すごいと思ったところ＝一番伝えたいところ」というように指導しておくとよいでしょう。

③発問で見る単元の見取図

木を切り倒す

う順序で説明されている

ビーバーの「大工事」とは、どんな大工事でしたか？

ビーバーの大工事はいくつありますか？

・ビーバーのすみか　①
・木を切り倒すビーバー　②③④⑤⑥⑦
・切り倒した木を運ぶビーバー　⑧
・ビーバーの体のつくり　⑤⑨

音や様子を表す言葉を入れることのよさは何でしょうか？

（音や様子を表す言葉を指して）この文章はなくてもよいのではないですか？

凡例
- 中心課題につながる重要発問
- その他の発問

『ビーバーの大工事』を読んで、あなたが一番すごいと思ったところはどこですか?

湖の真ん中に巣をつくる

ダムをつく

木を切り倒し、ダムをつくり、巣をつくるとい

中心課題

この説明文を書いた人が、読み手であるみなさんに一番伝えたかったことは何でしょう。

・ダムができて湖ができる ⑯
・湖の真ん中に巣をつくるビーバー ⑰⑱
・ビーバーの巣の特徴 ⑲
・ビーバーがダムをつくる理由 ⑳

他の動物にもビーバーと同じようなすごいところはありませんか?

湖の真ん中に巣をつくらなくてもよいのではないですか?

・水にもぐりダムをつくり始めるビーバー ⑩
・家族でダムをつくるビーバー ⑪⑬
・長い時間潜ることができるビーバー ⑫
・どのようなダムができるのか ⑭⑮

順序が大切なのですね。ビーバーがつくる巣はどんなものですか?

2 発問を位置づけた単元計画

●単元の中心課題
◎単元の中心課題につながる重要発問
○その他の発問・指示
・子どもの反応

次／時	子どもの学習活動	主な発問と反応
第一次 1時 2時	1 『ビーバーの大工事』という題名から内容を連想する。 2 教材文を音読する。 ・教師の範読を聞きながら、段落番号を書いていく。 ・全員で順に交代読みをする。 3 ビーバーの「大工事」とはどんな大工事かを一文で書く。 4 書いたものを紹介し合う。 5 紹介し合った活動の感想をまとめる。	○**『ビーバーの大工事』という題名からどんな内容を思い浮かべますか？** ・ビーバーが頑張って何かをしている。 ・大工事ということは、普通の工事とは違うくらい大変なことをしているのかな。 ◎**ビーバーの「大工事」とはどんな大工事でしたか？　一文でまとめて発表しよう。** ・「ダムをつくる」という大工事でした。 ・「木を歯で削って倒したり、長い時間潜ったりして巣をつくる」という大工事でした。 ・「家族総出で巣をつくる」大工事でした。

第二次 1時	
1　ビーバーの大工事がいくつあるかを考える。 2　ビーバーの大工事がいくつあるかについて考えを伝え合う。 3　考えを全体で共有する。 4　ビーバーの大工事を大きく3つに分けて整理する。 5　本時の振り返りをする。	**○ビーバーの「大工事」はいくつありますか？　教科書にサイドラインを引きましょう。** ・5個以上あると思います。 ・大きく分けると3つだと思います。 **○どこに引いたかを隣の人と確認して、同じところと違うところがどこか確認しましょう。自分と違うところに線を引いていたら、どうしてそこに引いたのか聞いてみましょう。** ・木を切り倒して運ぶところは大工事だと思ったよ。だって、人間だったら歯で木を削って木を切り倒すなんてできないから。 ・ぼくは、川に潜って、木を川の底に差し込んだり、小枝を積み上げたりするところが大工事だと思った。すごく長い時間潜っているから。 **○先生はみなさんの考えをチョークで色分けしましたが、この色の違いを説明できますか？** ・木を切り倒すところは赤。 ・木を切り倒した後に運んでいるところも赤です。 ・川の中に潜ってダムをつくるところは黄。 ・巣をつくるところは緑になっています。

2時	
1　『ビーバーの大工事』のクイズ（段落の順序について）の答えを考える。 2　本文の事例が述べられている順序について考える。 3　ビーバーの巣がどのようにできているかを捉える。 4　本時の振り返りをする。	**○今から文章を短冊にしたものを黒板に貼っていくのでよく読んでくださいね。** ・文章の順番が違います。 ・これだと、説明の順序がおかしくなります。 **○どういう順番だとよいのですか？** ・木を切り倒して、水の中に運んでダムをつくります。 ・ダムができた後に巣をつくります。 **○順序が大切なのですね。ビーバーがつくる巣はどんなものですか？** ・ダムをつくって湖をつくります。 ・湖の真ん中に巣をつくります。 ・ダムと同じように、木と石と泥を積み上げてつくっていきます。 **○湖の真ん中に巣をつくらなくてもよいのではないですか？　岸に近い方が楽につくれませんか。** ・敵に襲われないために、真ん中につくります。 ・川の岸の方につくったら、安全な巣になりません。 ・湖の真ん中につくること以外に、入り口が水の中にあるのも敵に襲われないためには必要です。

時	学習活動	主な発問・予想される反応
3時 4時	1 『ビーバーの大工事』のクイズ（音や様子を表す言葉）の答えを考える。 2 本文中における表現の工夫について考える。 3 音や様子を表す言葉の効果について考え、ノートにまとめる。 4 まとめたものについて、学級全体で共有する。 5 本時の振り返りをする。	○**昨日は、段落の並べ替えについてクイズを出しました。今日も『ビーバーの大工事』のクイズを出します。** ・言葉が抜けているところがあります。 ・段落がなくなっています。 ◎**この文章はなくてもよいのではないですか？** ・「ドシーン、ドシーン」という音を表す言葉があると、ビーバーが大きな木を切り倒していることがよく伝わるから、あった方がいいです。 ・木の幹を歯で削る音も同じです。 ・「ぐいぐい」という言葉からは、ビーバーの力強さが伝わってきます。 ○**音や様子を表す言葉を入れることのよさは何でしょうか？** ・音や様子を表す言葉を入れて説明することで、読む人に伝わりやすくなる。 ・ビーバーのように、私たちがあまり知らない生き物でも、どのように過ごしているか、よく伝わるようになる。

5時

1 本文の中から、ビーバーの「いちばんすごいと思うところ」を考える。

2 考えを伝え合う。

3 筆者の意図について考え、書き手の立場になったときのイメージをもつ。

4 本時の振り返りをする。
(学習したことを生かして、第三次の活動につなげることを知る)

◎**『ビーバーの大工事』を読んで、あなたが一番すごいと思ったところはどこですか？**

・幹の回りが50センチメートル以上もある木を切り倒すところがすごいと思います。

・最大で15分間も潜ることができるというところもすごいです。

・家族で協力してダムをつくるところもいいなあと思います。

●**この説明文を書いた人が、読み手であるみなさんに一番伝えたかったことは何でしょう。**

・ビーバーが敵に襲われないようにするための巣づくりの知恵。

・ビーバーがしている大工事のすごさ。

・知恵や体のつくりとか、ビーバーのすごいところを伝えたかったのではと思います。

○**他の動物にもこうした「すごいところ」はないでしょうか？**

○**これから、さらに動物のすごいところについて調べ、そのひみつを紹介し合いましょう。**

第三次		
1時	1 学習の見通しを確認する。 2 自分が紹介したい動物のすごさやひみつを何にするか決める。(図書室や図書館から借りてきた本を活用する)	○**自分が決めた動物のすごさや、ひみつについてまとめましょう。** ・ぼくは、犬の耳のよさについてまとめたいな。 ・私は、ペンギンのオスが卵を温めるときに、ほとんど何も食べないことを伝えたいな。
2時 3時	3 自分が紹介したい動物について、情報を集める。(読書)	○**伝えたいことの中心を決めてから、動物のすごいところやひみつについて紹介するための本を読みましょう。**
4時	4 自分が紹介したい動物について、知り得た情報を基にワークシートに書く。(ノートなどで代用も)	○**自分が伝えたいことの中心をはっきりさせて書きましょう(ワークシートなどを使用して、どの子も書けるようにする)。**
5時	5 まとめたものについて紹介し、感想を伝え合う。 6 学習全体の振り返りをする。	○**それぞれが書いた動物のひみつを読み、感想を伝え合いましょう。** ・犬の耳のよさには理由があるということがわかって、とてもおもしろかったです。 ・私も○○さんと同じ動物について調べたくなりました。

3　授業展開例

①第二次1時の授業展開例

黒板に説明文の題名を「ビーバーの工事」と板書します。

すると、子どもたちは口々に「違うよ！」「題名は『ビーバーの大工事』だよ！」と言います。そこで、このように問いかけます。

T　あれっ、先生間違えましたか？　でも、『ビーバーの工事』でも、題名としてはいいと思うのですが…。

C　ダメ！

T　どうしてダメなのでしょう？

C「工事」と「大工事」は全然違います。
C ビーバーはすごいことをしているから、「大工事」にしないとダメです。
T すごいこと？ すごいことって言った○○さんの気持ち、わかりますか？

このように問い返しをすることで、まだ一部の子どもたちしか気がついていないことを、学級全体で共有できます。説明文において、題名がもつ意味は非常に大きなものがあります。題名そのものを問いにすることで、詳細を読んでいく必要感が子どもたちから生まれます。

ここで、子どもたちはビーバーの大工事を探そうという気持ちになっています。よって、次のように問いかけます。

T ビーバーの大工事はいくつありますか？ 教科書にサイドラインを引きましょう。

こうすることで、子どもたちは、主体的に大工事にはどんなものがあるかを考え、本文を手がかりに大工事を探していきます。

ここで、「いくつあるか」という数を問うのにも理由があります。子どもたちが数えた数は、だいたいの場合一致しません。数がそろわないので、互いに「どこにサイドラインを引いたのか」ということが気になります。つまり、こうした状況を意図的につくることで、子どもたちに「友だちと確認したい」という気持ちが生まれます。対話をする必然性が生じるのです。

T　大工事がいくつあったか線を引きましたが、数が違いますね。どこに引いたかを隣の人と確認して、同じところと違うところがどこか確認しましょう。自分と違うところに線を引いていたら、どうしてそこに引いたのか聞いてみましょう。

こうすることで、「どうしてそこに引いたのか」という理由を話し、その過程で自分が気づいていなかった重要な文に気づいたり、説明を通して自分の考えを確かなものにしたりすることができます。

ペアで確認する時間を確保したら、次はこのように投げかけます。

T　では、ペアで確認したことを全体で伝え合いましょう。

ここで子どもたちは、どこがビーバーの「大工事」なのかを説明していきます。ここでは、数をそろえるということよりも、「木を切り倒す（巣づくりの材料集め）」「ダムをつくる」「巣をつくる」のどのまとまりから選んだ文章なのかを視覚化して示すことです。子どもたちは、書かれている順番に自分の考えを述べることはしません。ですから、色チョークなどで分けて書いておくとよいでしょう。

そして、次のように問いかけます。

T　先生はみなさんの考えをチョークで色分け（赤、黄、緑）しましたが、この色の違いを説明できますか？

こうして、色分けによって大工事の種類で分類されているということを確認します。そして、大工事の種類は大きく3つであるということを、ここで押さえておくのです。

②第二次3時の授業展開例

授業の冒頭、次のように子どもたちに話します。

T　昨日、みなさんが、この話の内容がわかっているかどうか確かめるために、いくつかの段落を短冊にして正しい順番を考えるクイズをしましたね。今日もビーバーの大工事についてクイズをします。

このように伝え、本時では1~8段落までの文章を黒板に示します。『ビーバーの大工事』は、段落のまとまりが大きく「木を切り倒すところ」「泳いだり潜ったりしながらダムをつくるところ」「湖の中に巣をつくるところやその理由」というように分かれます。前時は、それぞれの段落のまとまりから2つか3つのセンテンスを選び、短冊の形にして提示しました。バラバラに提示したことで、時間の順序で説明することの大切さを子どもたちは捉えています。本時は、1~8段落までを示していますが、擬音語のみで書かれている3、6段落は削り、4段落の擬音語と5段落の擬態語も削って示します。

すると、子どもたちは文章がおかしいことに気がつきます。

T　（黒板を示し）この文章について、何か気づいたことを言いたい人たちがいるみたいですね。

C　抜けている言葉があります。

C　本当だ。「ドシーン、ドシーン」とかないよ。

T　抜けている言葉や文を確認しましょう。どんな言葉や文が抜けていましたか？

C　音のところだ。音を表す言葉。

C　「ぐいぐい」は音ではないよ。様子を表す言葉だね。

こうして音や様子を表す言葉を抜いたことを確認した後、次のように問いかけます。

T　段落の一文や、言葉が抜けているのですね。では、抜けた状態でよいので、音読してみましょう。（音読の後）別に抜けていても文章の意味は伝わるようですね。では、**この文章はなくてもよいのではないですか？**

こうして子どもたちを揺さぶります。音や様子を表す言葉がなくても、話の全体は捉えることができます。ですが、あえて筆者はそうした言葉を使っているのですから、何らかの意図があるということが読み取れます。そこを考えることで、述べ方の工夫に目を向けることができるようになります。また、こうした述べ方は、「大工事」であることを強調する効果があるのです。

C　音を表す言葉があった方がいいと思います。そういう言葉があると、ビーバーが木を切り倒すすごさが伝わってくるからです。
T　「すごさ」ってどういうすごさかな?
C　体の小さなビーバーがとても大きな木を切り倒している。
C　鋭い歯を使って木を削っている。
T　人間だったら?
C　人間だったら道具を使うけれど、歯ではできない。
C　ドシーンってすごい大きな木を切っている感じがしてくる。
T　ぐいぐいという言葉はどう?　これは音ではないけれど?

C　ぐいぐいかじるのもすごいところ。

このように、音や様子を表した文があることの効果について考えを引き出していきます。そして、次のように話します。

T　では、音や様子を表す言葉を入れることのよさについてノートにまとめましょう。ノートを基に交流します。「音や様子を表す文があると、どんなよさがあるのか」ということは、必ず書くようにしてください。

最終的に、その学習でどのようなことを学んだかをまとめ、それを表現させることが重要になると考えます。そうすることで、次の学びに活用することにつながるからです。書かせる際には、何か観点を示すとよいでしょう。まとめたことについては、ノート交流をします。互いの学びを見合うことによって、新たな気づきを得ることがあります。それも次なる学びへとつながっていきます。

③第二次5時の授業展開例

ビーバーの大工事を基に、最終的には自分で動物のひみつを調べて紹介するという活動が設定されています。本時は、それにつながる時間になります。

T 『ビーバーの大工事』を読んで、あなたが一番すごいと思ったところはどこですか？一番すごいと思ったことと、なぜそう思ったのかの理由をノートに書きましょう。

このように「一番」と「その理由」を問うことで、子どもたちの考えにはズレが生まれます。まずは、こうしたズレを表出させます。

C ぼくは幹の回りが50センチメートル以上もある木を切り倒すところがすごいと思いました。自分では歯で木を切り倒すなんてできないからです。

C 私は、ビーバーが5分間も潜ることができることや、長いときには15分も潜れるところがすごいと思います。人間ではできません。

C　上手に泳いでいるところもすごいです。木をくわえて泳ぐところとか…。

多くの子どもたちは、ビーバーのすごさを人間（自分たち）と比較して述べていきます。ビーバーの体のつくり（ひみつ）について述べていると言えるでしょう。また、このような意見も出てきます。

C　敵に襲われないような巣をつくれるところがすごいと思いました。頭がいいなあと思いました。

これは、ビーバーの知恵について触れている考えです。中には、家族で協力しながら巣をつくっているということを述べる子もいます。まとめると、ビーバーのすごいところは、「人間にはできない（体のつくり）」「知恵」「協力」などがキーワードにあげられることが見えてきます。それを板書で整理します。

T　**この説明文を書いた人が、読み手であるみなさんに一番伝えたかったことは何でしょ**

う。

C　ビーバーの知恵のすごさだと思います。

C　家族みんなで協力して、敵に襲われないための巣をつくるすごさです。

T　みなさんは、これまで『ビーバーの大工事』を読んで、「人間にはできないすごさ」や、「知恵のすごさ」、「協力のすごさ」についてまとめました。「人間にはできないすごさ」には、ビーバーの体のつくりも関係していました。さて、他の動物にもこうした「すごいところ」はないでしょうか？

C　犬って人間と比べるとすごく鼻がいいって聞いたことがあります。

C　ペンギンのオスは、ほとんど食べないで卵を温めるんじゃなかったかな。

C　動物は人間と比べるとすごく耳がいいんだよ。

T　なるほど、いろいろみなさんが知っていることがありそうですね。これから、図書室や図書館で、動物のひみつを調べてまとめてみましょう。

第 3 章
「しかけ絵本」を作ろう

藤原隆博

1　教材分析と単元構想

①教材分析と説明文を読み解くための中心課題

『「しかけ絵本」を作ろう』（教育出版2年）は、教科書編著者により書き下ろされた説明文です。教科書では、本教材で学んだ、順序を示す書き方などを基にして、「書くこと」の教材である「おもちゃのせつめい書を書こう」で、おもちゃのつくり方や遊び方について紹介する複合単元として設定されています。

中心課題となる「世界に1つしかない、あなただけの『しかけ絵本』」を考えることを通して、図と文を結びつけることや、順序を正しく捉えながら読むことを身につけます。本教材は、しかけ絵本を完成させる活動が楽しいため、子どもたちはワクワクしながら学習活動を進められます。それだけ、本教材の内容は子どもにとって魅力的で、読む必然性を伴った内容となっています。

本教材では、子どもの高い意欲を原動力にして、主に学習指導要領の「構造と内容の把握」の「ア　時間的な順序や事柄の順序などを考えながら、内容の大体を捉えること」と、「情報と情報との関係」の「ア　共通、相違、事柄の順序など情報と情報との関係について理解すること」の指導を行います。その際、作業手順がどうなっているかだけではなく、「あなただけの『しかけ絵本』」を考え、作ることで、実感を伴った理解を目指します。

本教材は、17段落の構成になっており、それぞれの段落の要点は以下の通りです。

1　「しかけ絵本」とは、本にしかけがあって、開くと絵が飛び出し、動く絵本である。
2　教科書のしかけ絵本は、くまさんが本当に食べているように見える。
3　どうやって作るのか。
4　台紙の「おもて」と「うら」に顔をかく。
5　台紙の「おもて」上下に顔をかく。
6　台紙の「うら」に顔などをかく。
7　台紙の真ん中で山折りにする。
8　お皿の紙としかけの紙に絵をかき、切り抜く。

9 しかけの紙が動くようにする。

10 しかけの紙ののりしろを線に合わせて貼る。

11 おさらの紙を台紙ののりしろに合わせて貼る。

12 しかけの紙をお皿の紙の切り込みに差し込む。

13 しかけの紙が、おさらの紙の切り込みから出入りすれば成功。

14 しかけ絵本のお話を考える。

15 どんなことを思ったり、話したりしているかを書き入れると楽しい絵本になる。

16 工夫すると、いろいろなことができる。

17 **世界に1つしかない、あなただけの「しかけ絵本」を作ろう。**（中心課題）

文章構成図は、次のようになります。

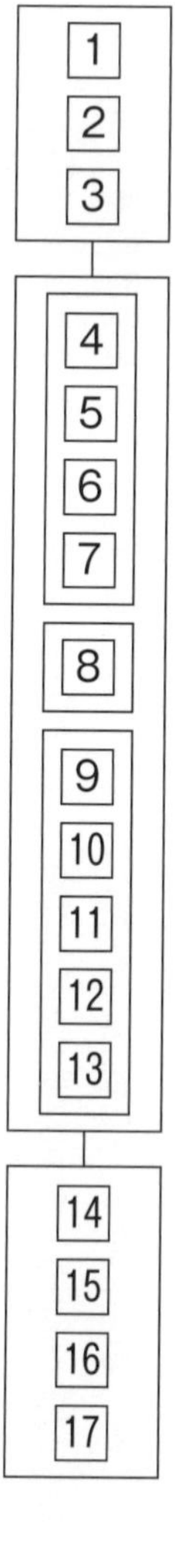

②単元構想と発問

まず、検討したいのは単元のゴールです。説明文の最後に、「せかいに一つしかない、あなただけの『しかけ絵本』を考えてみましょう」という一文があります。例えば、本単元のゴールに「しかけ絵本の発表会」を設定すると、子どもは張り切って学習活動に取り組むことでしょう。これまでにしかけ絵本の作り方を理解することで、自分だけのしかけ絵本が手元に残ることが、大きな動機づけとなります。「友だちに見せたい」という思いや、「友だちのしかけ絵本を読んでみたい」という思いが成就する場を設定することで、次単元「おもちゃのせつめい書を書こう」にもつながっていきます。「しかけ絵本の発表会」では、しかけ絵本に登場する動物になりきって会話文を読んで伝えるのもよいですが、「まず」「つぎに」「そして」などの、順序を示す言い方を使っていることを価値づけることが大切です。

本単元の振り返りを行う際は、「『しかけ絵本』を作るときに、どんなことに気をつけましたか？」と投げかけ、しかけが正確に動くしかけ絵本を作るために手順通りに作ることの意味を子どもが自分なりの表現で言葉にできるように促します。番号や順序を示す言い方を確認して作ることの大事さに気がついている児童を意図的に紹介し、次単元に向けた意味づけを行うようにしましょう。加えて、児童が自分なりのアイデアを実現できたことを称賛し、成就感を抱かせることも大切です。

さて、発問について考えましょう。しかけ絵本をどうやって作るのかを読み取るには、図と文を結びつけるとともに、作業上、気をつけることが理解できている必要があります。また、順序を示す書き方として、番号の書き方がどのように使われているかを押さえることで、本単元での読み取りが正確になるだけでなく、次単元で「おもちゃのせつめい書」を書く際にも役立てることができます。

そこで、次の2つの重要発問を行います。

重要発問①

「…は、どうやって作るのですか？」

「中」の段落には、具体的な作り方が写真とともに記述されています。各手順、最初に作業内容を明示し、それから、気をつけることが書かれています。正確に行わないと「しかけ絵本」として機能しないので、写真と結びつけながら、一つひとつ順序に沿って確実に押さえます。また、気をつけることについても確認し、押さえていきます。しかけ絵本の台紙には天地にきまりがあるとともに、表と裏は話の流れが正しく進むようにどこに何をかくかが決まっているので、正確に押さえます。また、写真には「ア～キ」までの記号がついているので、「アの写真が…」などと発言した子どもを大いにほめます。「どうしてここに食べる前の絵をかくの?」という疑問をもった子どもには、言葉で説明するより、写真を提示したり、具体物（しかけ絵本の実物）を操作させたりします。

重要発問②

「説明の書き方には、どんな工夫がありますか?」

本教材は、図と文を結びつけることや、順序を正しく捉えながら読むことができるように、様々な工夫がなされています。例えば、挿絵に記号（ア、イ、ウ…）をつけ、文中にも「アのしゃしんのように」などと表記されているため、読み手が図と文を一致させる読み方ができます。また、説明の順序が作業の手順通りになるように書かれていることは、一見当然のことと思いますが、説明書としての機能を果たすうえでは重要な書き方と言えます。意図的に発問することで、こうした工夫を認識させたいところです。

③発問で見る単元の見取図

はじめ

話題提示

①②「しかけ絵本」とはどんな絵本なのか。

③材料と使う道具は何か。

作り方は、どこからどこまで書かれていますか？

い説明

…は、どうやって作るのですか？

気をつけることは何ですか？

④⑤⑥「おもて」と「うら」に顔等をかく。

印の向きに気をつける。

⑦真ん中で山折りにする。

凡例

中心課題につながる重要発問

その他の発問

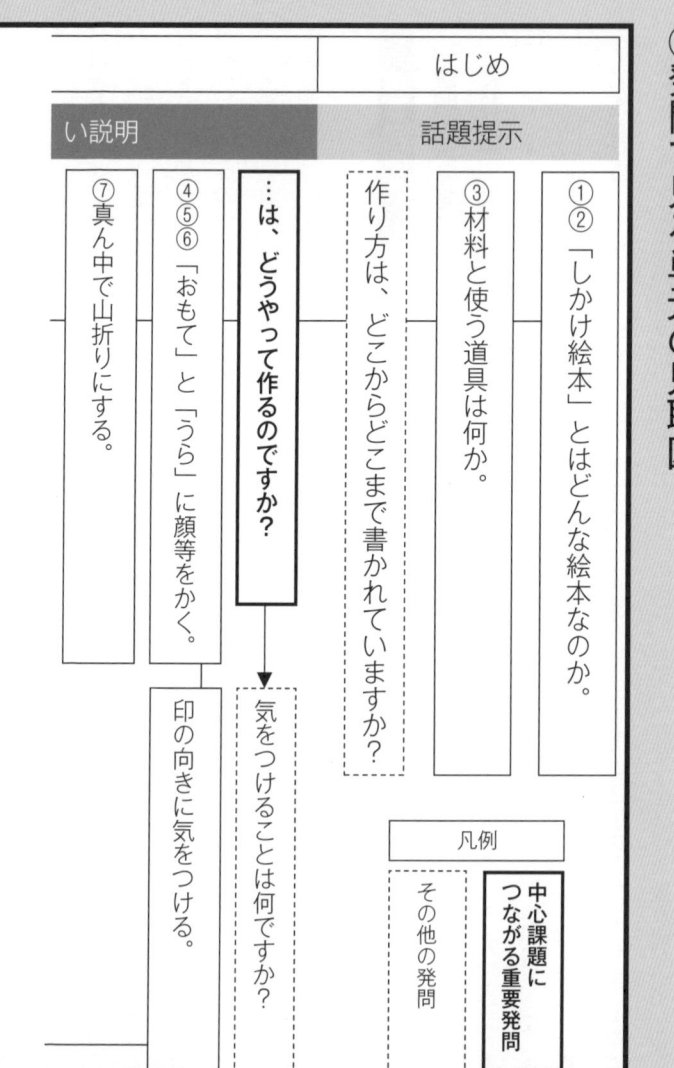

しかけが動くように、どんなことに気をつけましたか?

おわり

まとめ

- **中心課題**：世界に1つしかない、あなただけの「しかけ絵本」を作ろう。(⑰)
- 説明の書き方には、どんな工夫がありますか?
- ⑭~⑯どうぶつがどんなことを思ったり、話したりしているのか、に加えてさらに工夫をすることができる。

なか

作り方の詳

- ⑫⑬しかけを切り込みに差し込み、うまく動いたらでき上がり。
  - 確認はのりが乾いたら行う。
- ⑪お皿の紙を台紙ののりしろに合わせて貼る。
  - 台紙ののりしろの位置と向きに合わせる。
- ⑨⑩しかけの紙が動くようにのりしろを線に合わせて貼る。
- ⑧お皿としかけの紙に絵をかき、切り抜く。
  - のりしろの部分は山折りにする。

2　発問を位置づけた単元計画

●単元の中心課題
◎単元の中心課題につながる重要発問
○その他の発問・指示
・子どもの反応

次／時	子どもの学習活動	主な発問と反応
第一次 1時 2時	1　「しかけ絵本」とは、どのようなものなのかを連想する。 2　教材文を音読する。 ・教師の範読を聞き、材料と道具は何が必要なのかを確かめる。 3　どんな「しかけ絵本」を作ってみたいか、自分の思いや願いを書く。 4　書いたことを交流する。	○**「しかけ絵本」とは、どんな絵本なのかな？** ・しかけがしてあって、楽しい絵本。 ・動いたり、飛び出したりする絵本。 ○**材料と使う道具は何ですか？** ・台紙と、しかけの紙と、お皿の紙です。 ・使う道具？　書いてあるのかなぁ…。 ・ここに書いてあるよ。サインペンと、のりと…。 ○**どんな「しかけ絵本」を作ってみたいですか？** ・ウサギが出てくるのがいいな。 ・タヌキがラーメンを食べていることにしてみたいな。 ・みんなのアイデア、おもしろいな。

第二次 1時 2時
1 本時の学習課題を確認する。 2 本時の学習の見通しを確認する。 3 作り方が書かれている部分を確かめながら、各自で音読する。 4 作り方の中に付随した、「気をつけること」を考える。 5 クラス全体で、作り方を表にまとめて、整理をする。 6 本時の振り返りをする。
○**作り方は、どこからどこまで書かれていますか？** ・最初から読んでみないとわかりません。 ・えっ、全部じゃないの？ ○**確かめるために、ヒントになる言葉はありませんか？** ・あ、「作り方」って書いてある。 ・「一〜」って、太い字で書いてある。 ・「二〜」「三〜」っていうのもあるよ。 ・わかった、「…できあがりです」のところまでだ！ ・「お話を考える」っていうのは、作り方じゃなくて、どんな中身にするかなんだね。 ○**気をつけることは何ですか？** ・「気をつけましょう」っていう言葉がよくあるね。 ・紙の向きが決まっているみたい。 ・下の方に最初のお話を書かないと、変になっちゃう。 ・しかけの折り方は、山折りにするんだって。 ・適当だとうまく動かないんだな…。 ○**しかけが動くように「作り方」を表に整理しましょう。** ・表に整理して、上手に作りたいな。 ・しかけがしっかり動くようにしたいな。

3時 4時	学習活動	発問・予想される反応
	1　本時の学習課題を確認する。 2　本時の学習の見通しを確認する。 3　動物の顔をかく手順と、気をつけることを確かめながら音読する。 4　個人で動物の顔をかく手順と気をつけることを表に整理し、確認する。 5　学級全体で、動物の顔をかく手順と気をつけることを確認する。 6　説明文の書かれ方にある工夫を読み取る。 7　本時の振り返りをする。	◎**「どうぶつの顔」は、どうやって作るのですか？気をつけることも一緒に、教科書からまとめましょう。** ・作り方は、教科書に書いてあるから、読めばすぐにわかるよね。 ・台紙には向きがあるんだね。気をつけないと。 ・印がついているから、どっちを上にするのかも確かめないといけないんだね。 ・台紙のうらは上下合わせて1枚の絵をかくんだね。 ・山折りって、どういう折り方だったっけ。 ○**作り方と気をつけることは、何でしたか？** ・台紙の表を見えるようにします。 ・顔をかき終わったら、山折りにして折り目をつけるのが気をつけることだと思います。 ◎**説明の書き方には、どんな工夫がありますか？** ・写真の下に「おもて」とか「うら」と書いてあるので、紙の向きがわかりやすいです。 ・お花のマークがついているので、わかりやすいです。 ・確かめられたので、早く作りたいです。

5時

1 本時の学習課題を確認する。

2 本時の学習の見通しを確認する。

3 お皿の紙としかけをかく手順と、気をつけることを確かめながら音読する。

4 個人でお皿の紙としかけをかく手順と気をつけることを表に整理し、確認する。

5 学級全体でお皿の紙としかけをかく手順と気をつけることを確認する。

6 説明文の書かれ方にある工夫を読み取る。

7 本時の振り返りをする。

◎**「おさらの紙」と「しかけの紙」は、どうやって作るのですか？　気をつけることもあわせて、表にまとめましょう。**

・作り方は、写真と文を比べて、読めばすぐにわかるよね。
・のりしろがあるんだね。気をつけないと。
・線がついているから、貼るところを確かめないといけないんだね。
・しかけが動くようにするんだね。
・のりが乾くまで待たないと。

○**作り方と気をつけることは、何でしたか？**

・かき終わったお皿の絵をお皿の紙にある切り込みに差し込みます。
・「さしこむ」の部分をお皿の紙にある切り込みに差し込んで、動くようにします。

◎**説明の書き方には、どんな工夫がありますか？**

・文の最初に「まず」「つぎに」「そして」って言っているので、順番がわかりやすいです。
・「…のしゃしんのように」とあるので、どこを見ればいいのかがわかりやすいです。
・しかけが動くのかが心配です。

6時 7時
1 本時の学習課題を確認する。 2 本時の学習の見通しを確認する。 3 音読で「しかけ絵本」のストーリーを考える際のヒントを確かめる。 4 個人で「しかけ絵本」のストーリーを考えて、ノートにメモをする。 5 グループで、自分が考えた「しかけ絵本」のストーリーを交流する。 6 個人で「しかけ絵本」のストーリーやしかけについて、さらにアイデアをメモする。 7 「しかけ絵本」を作る。 8 本時の振り返りをする。
○ **「お話を考える」に書いてあるヒントの中から必要なものを選んで、しかけ絵本のお話を考えてみましょう。** ・ぼくは、「どんなどうぶつにしますか」をヒントにして、クマが出てくるお話を考えてみよう。 ・私は、「どんな食べものを食べますか」をヒントに、パイナップルを食べたことにしたいな。 ・ぼくは、タヌキがラーメンを食べているお話を考えたよ。 ・私は、ウサギがサッカーをしているお話。 ・ボールが飛んでいくようにしかけを使っているのがおもしろいね。よく考えたね。 ・しかけ絵本の向きを横に開くようにしたのがおもしろいね。自分も真似してみたいなぁ。 **●世界に1つしかない、あなただけの「しかけ絵本」を作ろう。**

第三次 1時 2時 3時

1 本時の学習課題を確認する。

・みんなのしかけ絵本は、どんなものだろう。

2 「しかけ絵本の発表会」を開き、作ったしかけ絵本を紹介する。

○友だち同士でしかけ絵本の紹介をしたら、感想を伝え合いましょう。

・トラが、お腹をすかせていました。ホットケーキを食べました。お腹いっぱいになって、笑いました。
・ホットケーキが口に入るところがすごいね！
・お腹いっぱいのトラが「まんぷくだ～」って言っているのがおもしろいです。
・キャッチボールをするしかけ絵本は、他と違って、横に開くところが工夫されていておもしろいです。
・お花の茎が伸びるようにしているしかけ絵本が、アイデアいっぱいでおもしろいです。

◎しかけが動くように、どんなことに気をつけましたか？

・ぼくは、しかけの紙が切り込みの中に出たり入ったりするように、お皿の紙の向きに気をつけました。
・私は、どこに絵をかけばいいのかを教科書の写真を確かめながら作りました。

3 単元全体の振り返りをする。

3　授業展開例

①第二次5時の授業展開例

T　「おさらの紙」と「しかけの紙」は、どうやって作るのですか？　気をつけることもあわせて、表にまとめましょう。

このような投げかけをして、学習課題を具体的に見通せるようにします。

そして、各段落内に書かれた手順を確かめながら音読をします。子どもたちは、「どこに作り方が書かれているだろうか」「気をつけることはどこに書かれているだろう」などと、考えながら読み始めます。

音読の後に、子どもたちの見つけた作り方の手順や気をつけることを確認します。

T　**お皿の紙は、どうやって作るのですか?**

C　最初に、お皿の紙に、食べ物をかきます。

T　そうですね。かいたらどうしますか?

C　切り抜きます。

T　何か気をつけることはありましたか?

C　お皿の紙にある「のりしろ」を山折りにしておきます。

T　なるほど。これで、表に整理できそうですね。

ところで、○○さんは先ほど、「最初に」と言ったね。これは、とてもよい言葉の使い方です。「最初に」みたいに、順序を示す言い方を使えると、わかりやすくなります。他にも、文章の中にこういう言い方が使われているのに気がつきましたか?

C　「はじめに」って、書いてありました。

T　えらい! 昨日読んだ部分にありました。まだありますか?

C　「つぎに」があります。

C　「そして」もあります。

T　みなさん、これまで読んだ部分から順序を示す言い方がヒントになることがわかっていますね。それでは、しかけの紙の作り方を表にまとめていきましょう。

このように、これまで学習した部分から順序を示す接続語を列挙することで、子どもたちの意図的に情報を取り出して読む意識が高まるだけでなく、正確に手順を押さえる読み方が少しずつ身につきます。

T　**しかけの紙は、どうやって作るのですか？**

C　まず、しかけの紙を線に合わせて貼ります。

C　次に、お皿の紙を貼ります。

C　そして、お皿の紙にしかけの紙を差し込んだら、でき上がりです。

T　おお、みなさん「まず」「つぎに」「そして」を上手に使って発表できましたね。気をつけることは何か書かれていましたか？

C　台紙の「のりしろ」の位置と向きに合わせて貼ることです。

T　もし、位置や向きがずれてしまったら、どうなってしまうでしょう？

書かれていることをそのままなぞるように、発表する一部の子どもと教師で確認をしているだけでは、子どもたちの思考は働きません。しかし実際、説明的文章の内容確認の場では、しばしば一問一答のやりとりに終始しがちです。そこで、折に触れて行いたいのが「もし、…だったら、どうなってしまうでしょう?」という投げかけです。これを行うことにより、子どもは自らが整理したはずの情報の再構成を余儀なくされます。

C　もし、ずれてしまったら、困っちゃうと思います。
T　どんなことが?
C　え～っと…、あっ、そうか、しかけの紙が入らなくなっちゃうんじゃないかな。
C　ああ、確かに。切り込みのところに紙が入らなくなっちゃうんだ。
T　どういうことですか?
C　だからさあ、お皿の紙がずれちゃうと、しかけが出たり入ったりしなくなっちゃうんじゃないのかな。

内容確認の場面で、子どもは「どうせ○○さんが正解を言って終わりでしょ」と思いがちです。しかし、このような意識では、思考は働きません。そこでこのように、教師は「どんなことが？」「どういうことですか？」といった子どもの思考を促す投げかけを多用したいところです。

本時では、内容確認でのこうした教師の投げかけの中で、書かれ方の工夫を見つける展開へと子どもを誘っていきます。

T　どうも、この文章には順序がわかりやすくなるように、しかけがあるみたいです。**説明の書き方には、どんな工夫がありますか？**

C　よし、『「しかけ絵本」をつくろう』のしかけを探そう！

C　私、見つけたかも。写真の横にアイウエオがついているでしょ？　これがあると、順番がわかりやすくなるんだと思います。

T　どういうことですか？

C　だって、普通、アイウエオは順番がアから始まるでしょ？　アの次はイだなって。

T　みんな、○○さんの言っている意味はわかりますか？

C　うん、普通、アの次はイで、イの次はウだから、こうすればみんなに順番がわかりやすいって言いたいんだよ。

T　○○さん、そう？（○○は黙ってうなずく）　なるほど。では、他には？

C　つけ足し。アイウエオで写真を載せているだけじゃなくて、「アのしゃしんのように」とか「イのしゃしんのように」って書いているから、写真を見ながら読めそう。

T　えっ、どういうことですか？

C　だから、「ウのしゃしんのように」とか「エのしゃしんのように」って書いてあるの。

T　ああ、本当だ。これが何なのですか？

C　この文は、いつもこうやって書いてあるの。この文を書いた人は「写真を見ながら作ってね」って読む人に言いたいみたい。

C　あっ、一とか二を使って、順序がわかるようにしているんじゃないかな。

T　何のことですか？……

ここでは、教師がはぐらかすようなやりとりを通じて、子どもたちの素朴な反応を次々と引き出していきます。やがて、全員を巻き込みつつ読み深めていくことができることが望ましい教室の姿と言えるでしょう。

②第二次6時の授業展開例

本時は、いよいよしかけ絵本を作り始める段階です。お話を考える段落に書かれた様々なヒントを用いて、自分のしかけ絵本のストーリーを構想します。本文に箇条書きで示されたヒントは、すべて使う必要はありません。自分にとって必要なヒントを選択すればよいでしょう。ヒントは作業手順に沿って書かれているため、自分自身のアイデアを順序立てて形にしていくことができます。また、動物ではないしかけ絵本を発想することもできるように、挿絵には様々な作品例が載せてあります。

まず、どのような順序でヒントが書かれているのかを確認します。

T　ヒントはどんな順番で書かれているのかわかりますか?
C　作る順番で書かれていると思います。
T　「作る順番で」とは、どういう意味ですか?
C　あのね、最初は動物の顔をかくといいから「どんなどうぶつにしますか」って書かれているんだってこと。

T　どうして最初は動物の顔をかくんでしょう？
C　だって、いきなり食べ物のお皿が出てきたら、意味がわからないもの。
T　おいしそうでいいじゃないですか？
C　ダメだよ。最初はお腹が空いた動物の顔があって、めくるとお皿から食べるんだから。
C　でも、私はロケットが宇宙に飛んでいくしかけ絵本がつくってみたいな。
T　しかけ絵本の開く向きが横になるのかな。きっと縦向きじゃないでしょう。

ここでも、教師のはぐらかすようなやりとりを通して、主体的な試行錯誤を促していきましょう。加えて、「きっと縦向きじゃないでしょう」といった、作り方を具体的に示唆するような受け答えも、子どもにとって貴重な手がかりになります。

個人でしかけ絵本のストーリーを考えて、ノートにメモをする時間を確保してから、次のように投げかけます。

T　それでは、自分が考えたしかけ絵本のお話を紹介し合ってみましょう。
C　私は、女の子がパイナップルを食べるしかけ絵本を作ろうかなって思いました。パイナップルは最初、切られていないの。

C　へえ、おもしろそう。絵本を開くと切ったやつが出てくるっていうこと？

C　そうそう、しかけが動くと、切った部分が動くようにしたいんだ。

C　そういうの、真似してみたいかも。

友だちとアイデアを交流すると、自分では考えつかなかったような発想を聞くことができたりします。交流によって得たアイデアは、互いに真似し合える雰囲気づくりをしたいものです。

C　私は、ウサギがサッカーをしているお話を考えたよ。しかけ絵本を横に開くようにして、ボールを蹴るとしかけの紙にかいたボールが飛んでいくようにするの。

C　えっ、どういうこと？

C　まず、ボールを蹴っているウサギをかくでしょ。次に、しかけの紙にかいたボールが飛んでいくようにする。そして、絵本を閉じると、キーパーのウサギがバシッとキャッチしている絵をかくの。

C　なるほど～。おもしろそうだね。どんなお話なのかもわかりやすかったな。

ここで、順序を示す言い方をした子どもを全体に紹介し、順序を示す言い方を使うと、聞き手がわかりやすくなることを改めて強調します。

T　今、○○さんがとても上手な説明の仕方をしていました。「まず」「次に」「そして」を使って、アイデアを話していました。だから、聞いていた人はとてもわかりやすそうでした。みなさんも意識してみてくださいね。

本時の終盤に、中心課題を提示します。2時間扱いなので、次時の予告にもなります。

T　**世界に1つしかない、あなただけの「しかけ絵本」を作ろう。**

この説明文は、指導者にとって、実際にしかけ絵本を作りながら読むのか、読み取りを行ってからしかけ絵本を作るのか、という点が悩みどころです。ここでは、まず読み取りを行ってからしかけ絵本を作る展開を想定しました。それは、しかけ絵本を作ることが目標なのではなく、しかけ絵本づくりを通じて、説明書を読む際の読み方である、図と文を結びつける力や、順序を正しく捉えながら読む力を身につけることが目標だからです。

一方で、2年生という発達段階を踏まえると、子どもに活動と目標を分離して捉えさせることは難しいかもしれません。従って、「しかけ絵本を正しく作るためには、教科書を正確に読み取ることが大切だ。そのためには、順序を示す書き方を理解しておく必要があるな…」という意識をもたせることができれば大丈夫です。

また、指導者は、「どこまでが国語で、どこからが生活科、図工なのか…」などとあまり悩まず、子どもたちが楽しんでしかけ絵本を作る姿を認め、励ましてあげたいものです。教科ごとの指導時数をどうするかといったことは、あくまで教師側の問題であり、子どもには関係ありません。子どもは、単元の目標を達成するために、教科の枠組みを超えた学びをしているのです。しかけ絵本を楽しく作る場で、子どもが図と文を結びつけたり、順序を示す書き方や言い方を使ったりする姿が見られたら、大いにほめてあげましょう。

第4章
すがたを かえる大豆

小林康宏

1　教材分析と単元構想

①教材分析と説明文を読み解くための中心課題

『すがたをかえる大豆』（光村図書3年）は、農学博士である国分牧衛により書き下ろされた説明文です。教科書では、本教材で学んだ事例のあげ方などを基にして、「書くこと」領域の教材である「食べ物のひみつを教えます」で自分自身でも食べ物の秘密について紹介する複合単元として設定されています。

読み書き複合単元の場合、「読むこと」領域での学習で疲れ果て、「書くこと」領域の学習が活性化しないケースもありますが、本教材の場合は、書いたものを読み合う段階まで、子どもたちはエネルギッシュに活動を展開していきます。

それだけ本教材の内容は子どもにとって興味深いものであり、書き方もわかりやすく、読み進めるほどに大豆に対する関心が高まるように書かれています。

そこで、本教材では、子どもの高い意欲を原動力にして、主に「構造と内容の把握」の「段落相互の関係に着目しながら、考えとそれを支える理由や事例との関係などについて、叙述を基に捉えること」の指導の実現を図ります。その際、「どのように」書かれているかだけではなく、「なぜ」そう書いたのかまで考えることで、実感的な理解を目指します。

本教材は、8段落構成となっています。それぞれの段落の要点は以下のようになります。

1 いろいろな食品に姿を変えている大豆を、私たちは無意識のうちに毎日口にしている。
2 人々は大豆にいろいろ手を加えておいしく食べる工夫をしてきた。
3 一番わかりやすいのは、炒ったり、煮たりして食べる工夫である。
4 次にわかりやすいのは、粉にひいて食べる工夫である。
5 大豆に含まれる栄養だけを取り出して違う食品にする工夫もある。
6 目に見えない小さな生物の力を借りて違う食品にする工夫もある。
7 取り入れる時期や育て方を工夫した食べ方もある。
8 大豆はいろいろな姿で食べられている。大豆のよさに気づき、食事に取り入れてきた昔の人々の知恵に驚かされる。

これらは、はじめ（話題提示）・なか（具体的な説明）・おわり（まとめと筆者の思い）と、説明文の典型的な三段構成となっています。文章構成図は、次のようになります。

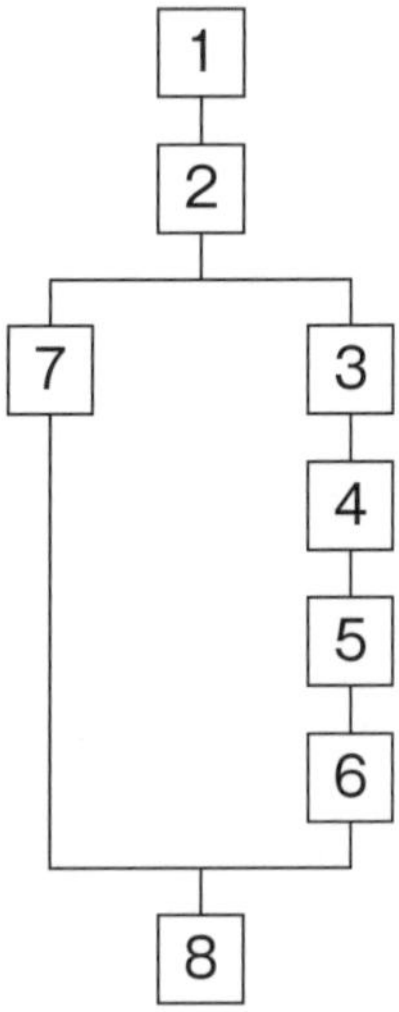

3段落から7段落までは、まず工夫が述べられ、続いて食品名が述べられるという書き方が共通し、内容が理解しやすくなっています。3段落から6段落までは、簡単な工夫から手の込んだ工夫という難易度の順に沿って工夫が配列されています。その後に時期や育て方の工夫が書かれた7段落が配されています。工夫の並べ方の順序は考えさせたいポイントです。このとき、どのような並べ方になっているかばかりでなく、そのようにした筆者の考えを、中心課題**「工夫は、なぜこの順番で並べられているのでしょう」**を設定し追究していきます。そこまで考えてみることにより、表現の底にある思いを感じさせます。

②単元構想と発問

工夫がどんな順番に並べられているのかを、筆者の意図に寄り添って考えるためには、文章の意味段落の関係がわかるとともに、各段落の内容や書かれ方が理解できていることが必要になります。また、並べ方の意図を推測することは、書き手に対する思いをもたせることにもつながります。そこで、次の3つの重要発問を行います。

重要発問①
「はじめ・なか・おわりはどこで分けられますか？」

説明文の学習を進めていくうえで基盤となるのが、文章全体を3つに分けることです。ただし、「文章全体をはじめ・なか・おわりに分けましょう」と投げかけるだけでは、子どもたちは途方に暮れてしまいます。

子どもたちに、文章全体を3つに分けるための「見方・考え方」を指導する必要があります。どこに目をつけて、どのような考え方を働かせたら、文章全体を3つに分けることができそうかという見通しをもたせることが大切です。

『すがたをかえる大豆』の場合は、次のような性格になっています。

「はじめ」…話題提示
「な　か」…詳しい説明
「おわり」…まとめと筆者の思い

この性格に沿って子どもたちには考えさせていきます。

「はじめ」は「文章全体に関わる問い」という性格もありますが、本教材では問いがないので、「話題提示」という性格であることを押さえます。また、「おわり」は「詳しい説明のまとめ」という性格の説明文もありますが、本教材では筆者の思いも入っているので、「まとめと筆者の思い」というように押さえます。文章全体を3つに分けることで、筆者がこの説明文を書いたおおよその意図をつかみます。

重要発問②
「なぜ、工夫、食品名の順序で書かれているのでしょうか？」

「なか」の段落はすべて、「工夫」がはじめに書かれ、次に「食品名」が書かれています。事例の配列の順序の共通性に気づかせたうえで、なぜ、そのような順序になっているのかを考えさせます。その際、筆者の伝えたかったこと、筆者の読み手に対する思いから考えさせます。内容的な面からは、筆者は大豆食品の様々な工夫についてはっきりと伝えようという意図があったこと、読み手に対する思いとしては、事例の配列の順序を統一することで理解しやすくしたいという思いがあったことを押さえます。

重要発問③

「内容と書き方について、どんなことを思いましたか？」

『すがたをかえる大豆』の読み取りの最後に、文章の内容に対する自分の考えと、書き方に対する自分の考えを明らかにさせていきます。大豆が様々な食品に姿を変えていることの不思議さ、昔の人の知恵を改めて意識した子どもたちは、他にも食品の工夫はないか調べたいという気持ちになるでしょう。

また、書き方のよさを意識することで、文章を書くときに、事例をどのように配列したら相手がわかりやすくなるかを改めて意識することになります。

③発問で見る単元の見取図

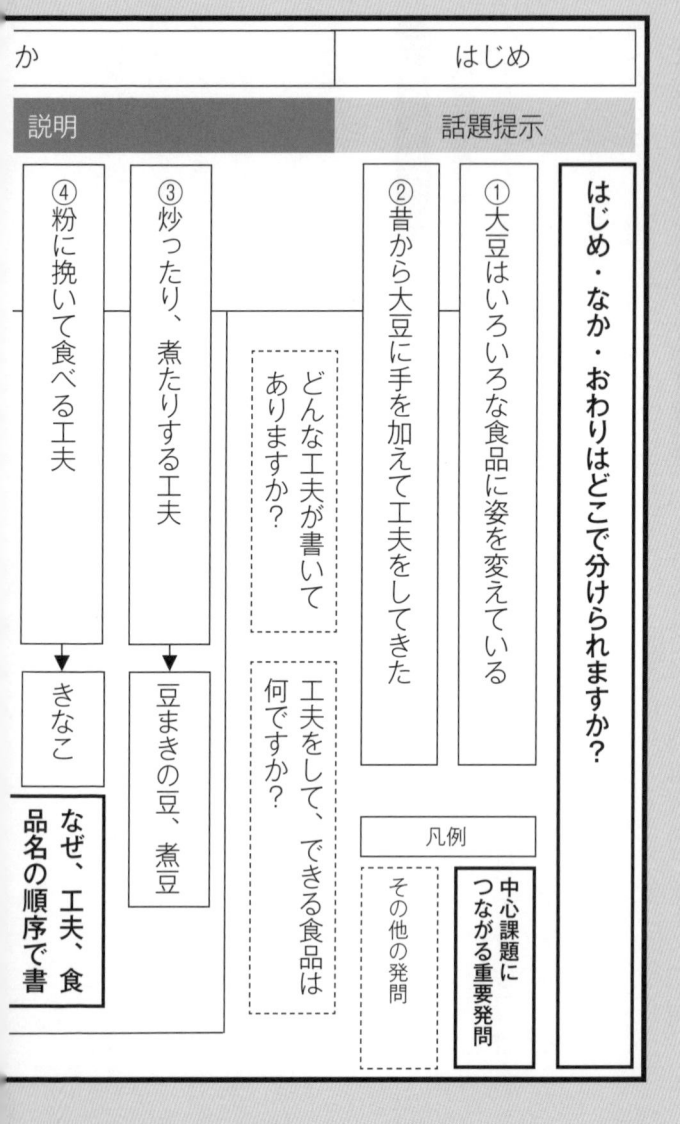

はじめ

話題提示

はじめ・なか・おわりはどこで分けられますか？

①大豆はいろいろな食品に姿を変えている

②昔から大豆に手を加えて工夫をしてきた

凡例

中心課題につながる重要発問

その他の発問

どんな工夫が書いてありますか？

工夫をして、できる食品は何ですか？

か

説明

③炒ったり、煮たりする工夫 → 豆まきの豆、煮豆

④粉に挽いて食べる工夫 → きなこ

なぜ、工夫、食品名の順序で書

内容と書き方について、どんなことを思いましたか？

おわり

まとめと筆者の思い

まとめと筆者の思いはどんなことでしょう？

中心課題

工夫は、なぜこの順番で並べられているのでしょう。

⑧大豆はいろいろな姿で食べられている。よさに気づき食事に取り入れてきた昔の人々の知恵に驚かされる。

⑦とり入れる時期・育て方の工夫

枝豆、もやし

⑥小さな生物の力を借りる工夫

納豆、味噌、しょうゆ

⑤栄養だけ取り出す工夫

豆腐

な

詳しい

かれているのでしょうか？

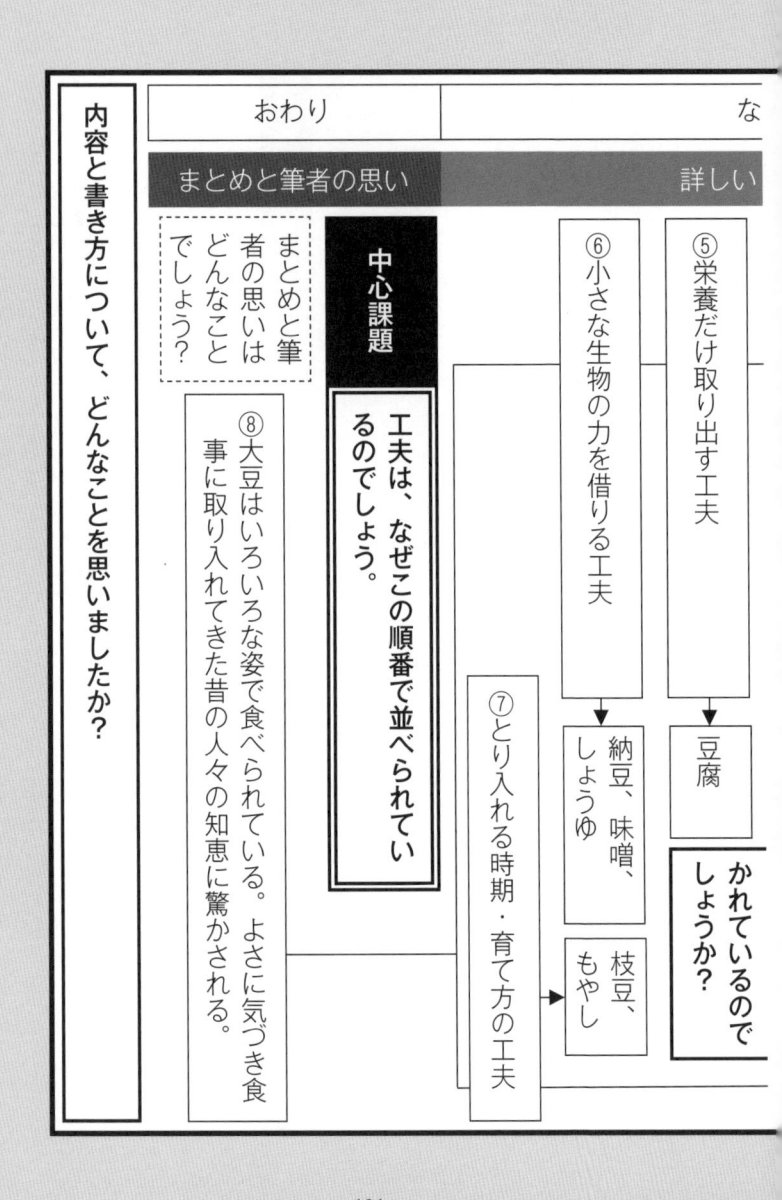

2　発問を位置づけた単元計画

●単元の中心課題
◎単元の中心課題につながる重要発問
○その他の発問・指示
・子どもの反応

次／時	子どもの学習活動	主な発問と反応
第一次 1時	1　「すがたをかえる大豆」というタイトルから内容を連想する。 2　教材文を音読する。 ・教師の範読を聞きながら、段落番号を書いていく。 ・クラス全員で順に一文交代読みをする。 ・隣の子とペアで一文交代読みをする。 3　感想を書く。 4　感想を交流する。	○**「すがたをかえる大豆」という題名からどんな内容を思い浮かべますか？** ・大豆が、何かに変身していくお話かな。 ・『たんぽぽのちえ』と似た話で、大豆が成長していくようなことかな。 ○**文章を読んでどんなことを思いましたか？** ・大豆がだんだん大きくなっていって種ができるまでのお話かと思ったら、全然違いました。 ・大豆が身近ないろいろなものに姿を変えていて、びっくりしました。 ・とてもわかりやすく書いてありました。

第二次 1時

1 本時の学習課題を確認する。
2 本時の学習の見通しを確認する。
3 「はじめ」「なか」「おわり」の区切れ目を考えながら各自で音読する。
4 各自で「はじめ」「なか」「おわり」のまとまりを考える。
5 クラス全体で「はじめ」「なか」「おわり」のまとまりを考え合う。
6 本時の振り返りをする。

◎はじめ・なか・おわりはどこで分けられますか？
・最初から読んでみないとわかりません。
○はじめ・なか・おわりは、それぞれどんな役割をもっていますか？
・「はじめ」は、「問い」です。
・「はじめ」には「話題提示」の役割もありました。
・「なか」は「詳しい説明」です。
・「おわり」は「まとめ」です。
・「おわり」には「筆者の考え」もあります。
・文章を読みながら、役割に沿って、はじめ・なか・おわりを分けてみよう。
○はじめ・なか・おわりは、どこで分けられるか、意見を出し合って決めていきましょう。
・2段落の「おいしく食べるくふう」というところが「話題提示」になっているので、2段落は「はじめ」だと思います。
・3段落には「に豆」「黒豆」と大豆の詳しい言葉が出てくるから、「なか」は3段落からだと思います。
・8段落で「大豆」というまとめた言葉が出てくるので、「なか」は7段落までだと思います。

2時

1 本文の話題と結論を確認する。

2 本時の学習課題を確認する。

3 本時の学習の見通しを確認する。

4 「なか」の段落の「くふう」と「食品名」に注目しながら音読する。

5 「なか」の段落の「くふう」と「食品名」をノートに表をつくり書き出す。

6 グループ、学級全体で、各段落の「くふう」と「食品名」を確認する。

7 本時の振り返りをする。

○話題は何でしょう？　まとめと筆者の思いはどんなことでしょう？　教科書からまとめましょう。

・話題は「大豆をおいしく食べるくふう」です。

・まとめと筆者の考えは「大豆はいろいろな姿で食べられている。大豆のよさに気づき食事に取り入れてきた昔の人々の知恵に驚かされる」です。

○工夫と食品名を読み取りましょう。

・たくさん工夫や食品名があるなぁ。

○工夫や食品名以外のことが書いてあるところと区別して見つけましょう。

○どんな工夫が書いてありますか？

・3段落には、形のまま炒ったり、煮たりして、柔らかく、おいしくする工夫が書いてあります。

○工夫をして、できる食品は何ですか？

・炒ると「豆まきに使う豆」になります。

・煮ると「に豆」になります。

・4段落の工夫は「こなにひいて食べる」です。

・炒って、粉に挽くと「きなこ」になります。

3時

1 各段落内に共通する書き方の順序を考えながら音読する。
2 各段落に共通する「くふう」と「食品名」の順序の規則性を考える。
3 本時の学習課題を確認する。
4 本時の学習の見通しを確認する。
5 自分の考えをノートにまとめる。
6 考えを交流する。
7 本時の振り返りをする。

・どの段落でも同じ順番で書いてあることは何だろう。
○3段落から7段落までのそれぞれの段落の中の「くふう」と「食品名」の並べ方の順番から気づくことはありませんか？
・どの段落も、最初に「くふう」が書いてあって、その後に「食品名」が書いてあります。
◎なぜ、工夫、食品名の順序で書かれているのでしょうか？
○『すがたをかえる大豆』の話題は何か、読む人はどう書いてあったら読みやすいかという点から考えてみましょう。
・読む人の気持ちからすると、食品名から書いてある段落があったり、工夫から書いてある段落があったりするとわかりにくいだろうな。
・話題から考えると、『すがたをかえる大豆』の話題は、「大豆をおいしく食べるくふう」だから、話題に沿っていることから書いていると思います。
・筆者は、大豆を使った工夫はすばらしいことを強く伝えたいから、工夫をはじめに書いたんだと思います。

4時

1 各段落に書かれていた「くふう」と「食品名」を確かめながら音読する。
2 3~7段落の「くふう」はどのような順序になっていたか考える。
3 本時の学習課題を確認する。
4 本時の学習の見通しを確認する。
5 自分の考えをノートにまとめる。
6 考えを交流する。
7 本時の振り返りをする。

・「なか」のどの段落にも「くふう」と「食品名」が書いてあったな。

○3段落から7段落までの「くふう」はどのような順番になっていますか?

・3段落から6段落までは、工夫が簡単な順番になっています。
・7段落は他の段落と違って、お料理の仕方じゃなくて、育て方だから、最後につけてあると思います。

●工夫は、なぜこの順番で並べられているのでしょう。

○「おわり」の段落に書いてあることを、読み手の気持ちから考えてみましょう。

・読んでいる人は、難しいことから書いたら、最初からわからなくなっちゃうから、簡単な順番からにしたと思います。
・「おわり」には「昔の人々のちえにおどろかされます」と書いてあるので、筆者が驚いたように、昔の人のすごさを、読んでいる人も驚いてくれるといいなと思って、簡単な順で並べたと思います。

第三次 1時

1 今まで学習してきたことを確かめながら、音読する。

2 本時の学習課題を確認する。

3 本時の学習の見通しを確認する。

4 自分の考えをノートにまとめる。

5 考えを交流する。

6 本時の振り返りをする。

・大豆にはいろんなすばらしいところがあったな。
・昔の人はよく考えついたな。

◎内容と書き方について、どんなことを思いましたか？

○思ったことと、どこから、何でそう思ったか書きましょう。

・今までみそやしょうゆは何からできているか考えたことがなかったけれど、大豆からできていることを知って驚いた。
・どの段落も「くふう」「食品名」という順番で書いてあり、同じパターンでとても読みやすかった。

○友だちの感想を聞いたら、それに対してどう思うか言ってあげましょう。

・Aさんは大豆の食品をつくった昔の人はとてもすばらしいと言っていましたが、Aさんの感想を聞いて、昔の人はいろんな道具などもないのにたくさんの工夫をしていて、私も昔の人はすばらしいなと思いました。
・昔の人の大豆食品をつくる工夫のすごさがわかりました。
・わかりやすい書き方は真似したいと思います。
・私も何か食べ物の秘密を調べたくなりました。

3　授業展開例

①第二次3時の授業展開例

T　『すがたをかえる大豆』の「なか」で書いてあることには秘密があります。さて、何でしょう？　書いてある中身は違いますが、あることが共通しているのです。

このような投げかけをして、子どもたちの「追究してみたいな」という気持ちを呼び起こします。

そして、各段落内に共通する書き方の順序を考えながら音読します。子どもたちは、「どの段落でも同じ順番で書いてあることは何だろうか」ということを考えながら音読していきます。こうすることで、音読をする際の視点をもつことができ、子どもたちの意識が焦点化していきます。

音読する中で子どもたちの考えができてきたら、各段落に共通する「くふう」と「食品名」の順序の規則性を考えさせます。

T　どの段落でも同じ順番で書いてあることは何でしょうか?

C　「くふう」と「食品名」の順番です。

T　3段落から7段落までのそれぞれの段落の中の「くふう」と「食品名」の並べ方の順番から気づくことはありませんか?

C　どの段落も最初に「くふう」が書いてあって、その後に「食品名」が書いてあります。

T　証拠はありますか?

C　3段落には、はじめに、「大豆をその形のままいったり、…おいしくするくふう」とあって、4段落もはじめに「こなにひいて食べるくふう」と書いてあります。5段落には、はじめに「えいよう」があって、6段落には、はじめに「目に見えない…ちがう食品にするくふう」とあります。

C　7段落には、はじめに「とり入れる時期や育て方をくふう…」とあります。

T 「食品名」はそれぞれの段落のどこに書いてありますか？

C どの段落も「くふう」の後に書いてあります。例えば、4段落は、粉に挽いて食べる工夫の後に食品名として「きなこ」が書かれています。

このように根拠をあげさせながら、どの段落も工夫がはじめに書かれ、次に食品名が書かれていることを確認します。そのうえで、「くふう」「食品名」の順序になっている理由について考えさせていきます。

T **なぜ、工夫、食品名の順序で書かれているのでしょうか？**

このとき、次のように、考えるための「見方・考え方」を示します。これらを示すことで、子どもたちは考えやすくなり、「見方・考え方」を働かせ、身につけていくことにつながります。

T 『すがたをかえる大豆』の話題は何か、読む人はどう書いてあったら読みやすいかという点から考えてみましょう。

まず一人で考えさせた後、全体で意見を出し合わせます。

C　読む人の気持ちからすると、食品名から書いてある段落があったり、工夫から書いてある段落があったりするとわかりにくいから、読みやすくするためだと思います。

C　話題から考えると、「すがたをかえる大豆」の話題は、「大豆をおいしく食べるくふう」だから、話題に沿っていることから書いていると思います。

C　つけ加えで、筆者は、大豆を使った工夫はすばらしいことを強く伝えたいから工夫をはじめに書いたんだと思います。

T　まとめると、話題に対する中心の内容や、筆者が読者に強く伝えたいことを読む人にはっきりと伝えたいから、どの段落もはじめに「くふう」が書いてあって、次に「食品名」が書いてあるということですね。

筆者の思いを考えるところまで追究を深めたいところです。

②第二次4時の授業展開例

説明文に取り上げられている事例の配列には意味があります。前時では、段落内の事例の配列の意図について追究し、筆者の思いを考えましたが、本時では、「なか」の段落全体に渡って取り上げられている「くふう」の配列の仕方に込められた思いに迫ります。

まず、3段落から7段落までの「くふう」はどのような順序になっていたか検討します。

T　3段落から7段落までの「くふう」はどのような順番になっていますか?

C　3段落のはじめに「いちばん分かりやすいのは」とあるから、わかりやすい順だと思います。

C　つけ足しで、4段落のはじめに「次に」、5段落のはじめに「また」、6段落には「さらに」って書いてあるから、わかりやすい順だと思います。

T　わかりやすい順ということですが、何がわかりやすい順なのですか?

C　大豆の豆の形がわかりやすい順だと思います。3段落は「に豆」「黒豆」でわかりやすいけど、4段落になると「きなこ」で粉になるし、5段落だと「とうふ」になるので、大豆っぽさがなくなります。

C　少し違います。6段落には「なっとう」のことが出てきますが、納豆は豆の形をしているので、豆の形がわかりやすい順ではないと思います。

T　話題は何かを思い出して考えてみましょう。

C　話題は、「大豆をおいしく食べるくふう」だから、わかりやすい順番は、工夫がわかりやすい順番かなと思います。

C　賛成です。炒り豆や煮豆は炒ったり煮たりするだけですぐできちゃうけど、味噌は「コウジカビ」の力を借りていろんなことをして「半年から一年」もかかるので、工夫がわかりやすい順番でいいと思います。

このようにして、3～6段落の工夫の順番を考えた後、7段落の位置づけについて検討します。

T　工夫のわかりやすさからいったら、7段落はとてもわかりやすいように感じますが、みなさんの考え方でいいのですか?

C　いいと思います。7段落のはじめに「これらの他に」ってあるので、7段落は工夫のわかりやすさとは違うことが書いてあります。

C　7段落は、食品のつくり方じゃなくて、とり入れる時期や育て方だから、仲間外れです。

工夫の並べ方についての検討をしたら、単元の中心課題を投げかけます。

T　**工夫は、なぜこの順番で並べられているのでしょう。**

ここでも、考えるための「見方・考え方」を示します。

T　「おわり」の段落に書いてあることを、読み手の気持ちから考えてみましょう。

「おわり」の段落に着目させることで、大豆食品をつくった昔の人々の知恵のすばらしさへの筆者の感動や畏敬に気づかせていきます。

C　読んでいる人は、難しいことから書いたら、最初から意味がわからなくなっちゃうから、わかりやすい順番にしたと思います。

C　「おわり」には昔の人々の知恵に驚かされたことが書いてあるので、筆者が驚いたように、読んでいる人も昔の人々の知恵に驚いてくれるといいなと思って、わかりやすい順に並べたと思います。

C　読んでいる人は、読んでいくと「こんな工夫もあるんだ」というようにどんどん工夫のすばらしさを感じていって、「おわり」でそれが「昔の人々のちえ」ということが書いてあるので、昔の人ってすごいなあと思ってほしいからだと思います。

T　筆者は、読む人がわからなくなってしまわないようにわかりやすいことから書き、読んでいくにつれて工夫のすばらしさを知り、驚いてほしいから、工夫をこの順番で並べたということですね。

工夫の並べ方を見つけ出すだけでは、筆者の考えとそれを支える事例との関係について表面的な理解になる懸念があるのですが、工夫の並べ方の順番の理由を検討することにより、筆者の願いまでが見えてきます。

③第三次1時の授業展開例

これまで読み取ってきた内容と事例の配列の工夫に対する感想を書き、交流します。

読み書き複合単元の「読むこと」領域で扱う説明文の役割の1つは、「書くこと」に生かせる書き方を学ぶことにあります。従って、この教材では、文章の書き方の感想として、事例の配列の工夫に対する感想を書かせることは必須です。

同時に、内容に対する感想もしっかりもたせることが必要です。理由は3つあります。1つめは、内容そのものへの認識を自覚させるためです。大豆食品の多様さ、また、現代よりも不便だったにも関わらず、様々な工夫を行ってきた昔の人々のすばらしさを改めて認識させるということです。2つめは、文章を書いた筆者の思いを受け止めさせるためです。文章を書くのには必ず意図があります。筆者はどんなことに感動し、どんな願いをもって書いたのかを考え、それに対する自分の思いを表出するという対話的活動を行うことでも、やはり認識の変化につながります。3つめは、意欲づけのためです。内容のおもしろさを改めて感じ、読み手に伝えようとした筆者の願いを感じることは、自分でも友だちが知らないような、食べ物の秘密を調べて教えてあげたいという意欲につながります。

授業ではまず、今まで学習してきたことを確かめながら音読させます。そのうえで、次のように、本時の学習課題を設定します。

T **内容と書き方について、どんなことを思いましたか?**

内容についての感想は思い描きやすいのですが、書き方についてはどんなことを書けばよいのかわかりにくい子どももいるため、「工夫の並べ方についてどう思ったか書くということですよ」などと例を示して共通理解させる必要があります。

学習課題を設定した後は、次のように、どのように書くかの見通しをもたせます。

T 思ったことと、どこから、何でそう思ったか書きましょう。

このようにすることで、「何となく思った」という感想ではなく、しっかりとした根拠に基づいた感想を考えさせます。個人で考えさせた後は、グループで交流します。交流する際には、まず内容についての感想を伝え合い、次に書き方についての感想を伝え合います。また、感想を聞いたら、次の順番の子が聞いた感想に対して思ったことを伝えます。

このようにして、すっきりとして、互いの思いの交流のある活動にします。

C　今まで味噌やしょうゆは何からできているか考えたことがなかったけれど、大豆からできていることを知って驚きました。

C　確かに。私も、何となく、味噌やしょうゆを食べていたので、大豆からできていることを知って「えっ、本当?」って思いました。

交流が終わったら、学習の振り返りを行います。子どもが意欲的になるような「書くこと」への展開をするためにはこの段階が非常に重要です。

T　『すがたをかえる大豆』を勉強して、大豆がいろんな食品に変身することにびっくりしたという感想が多くありました。他の食べ物にも秘密があると思いますか?

学習したことを生かし、子どもたちの「知りたい」「知らせたい」を喚起しましょう。

第5章 めだか

青木伸生

1　教材分析と単元構想

①教材分析と説明文を読み解くための中心課題

『めだか』（教育出版３年）は、動物学者・杉浦宏により書き下ろされた説明文です。かつては、身近に見ることができためだかですが、今では一部の品種は絶滅危惧種に指定されるなど、自然環境の変化に伴って、その数を減らし、なかなか見ることができなくなってきているようです。

本教材は、めだかが厳しい自然環境の中でどのように生き抜いているか、その秘密を探るというような、読者の子どもたちの興味を引く内容になっています。子どもは、楽しみながら読み進めることができることでしょう。ただし、国語の学習としては、内容を楽しむだけというわけにはいきません。新たな文章を読むときに使えるような読み方を、資質・能力としてはぐくんでいく必要があります。そのために、教師は様々な発問を用意し、それらを駆使して子どもたちの力を伸ばすのです。

そこで本教材では、子どもの関心を原動力に、主に学習指導要領（C　読むこと）の「ア　段落相互の関係に着目しながら、考えとそれを支える理由や事例との関係などについて、叙述を基に捉えること」の実現を図ります。さらに、内容の精査・解釈により、段落の中心文を見つけ、要点をまとめることができるようにします。これは、学習指導要領の「ウ　目的を意識して、中心となる語や文を見付けて要約すること」につながります。

この文章で学ぶことのできる内容は、大きく3つあります。

1つめは、段落の役割と構成です。特徴的なのは、『めだかの学校』という茶木滋の歌の歌詞から始まっていることです。読者である子どもたちにめだかをより身近に感じてもらうために取り入れたと考えられますが、この歌詞は単なる「おまけ」ではありません。それは、最後の段落で、この歌の歌詞を受けてまとめていることからわかります。ですから、最初に示されている歌詞が、説明文の第1段落であると捉えることができます。説明文は、各段落がすべてつながるように論理的に書かれているのです。

また、歌詞の段落から数えて9段落目には、それまでの「身の守り方」の話と、それから後の「めだかの体の仕組み」の話の橋渡しをしている「つなぎ」の段落が出てきます。この段落が、文章の構造と内容を捉えるうえで重要な位置づけになります。こうした段落の役割と構成を確かめながら読むことが、説明文を捉えるうえでのポイントになります。

2つめは、中心文の見つけ方にかかわる筆者の書きぶりです。めだかの敵からの身の守り方は、5段落目から8段落目にかけて、それぞれの段落の1文目に端的に示されています。そして2文目以降に、その守り方のよさや、そのように身を守る理由が詳しく書かれています。これは、段落の中心文を見つける学習に有効です。中心文の見つけ方が学べると、それは次の説明文を読むときにも生かすことができます。

3つめは、具体的な書きぶりの工夫です。例えば、めだかの敵からの身の守り方は、4つ示されていますが、すぐに4つとわかるように、「ナンバリング」が使われています。また、ここで文末表現をそろえて書いているのも筆者の書きぶりの工夫と言えます。

説明文の筆者は、読者にわかりやすく伝えるために、様々な工夫をしています。それはちょっとした言葉づかいだったり、また、段落と段落のつながり方だったりします。読者である子どもたちは、あるときには広い視野で文章全体を見渡し、あるときには言葉にこだわって詳細に読むという、多様な読み方を身につけていくことが大切です。

②単元構想と発問

①で触れたように、この文章にはめだかについて大きく2つの内容が書かれています。「敵からの身の守り方」と「自然の厳しさに耐える体の仕組み」です。この2つの内容を捉えるために、**「めだかのひみつを読み取って、『めだかのひみつ絵本』をつくろう」**という単元全体の中心課題を設定します。この中心課題に向けて、それぞれの重要発問が構成されていくことになります。

重要発問①

「形式段落はいくつありますか?」

教科書の説明文には、基本的に形式段落の番号がついていません。形式段落は、文字通り形式的に1マス下げて書かれているところで分けられます。筆者、つまり書く側にしてみれば、内容のまとまりで段落分けするので、形式段落とは、ひとまとまりの内容を示した文章ということになります。しかし、どこで段落分けするかは書き手である筆者が決めることなので、ベタ書きした文章を形式段落に分けるという学習をしても、筆者と一致することはなかなかありません。教科書の説明文は、形式段落に分けて書かれているので、1マス下がっているところで分けながら、段落番号をつけていくことができます。

ここで問題になるのが、冒頭の『めだかの学校』の歌詞です。はじめ、ほとんどの子どもは、歌詞を段落に入れずに番号をつけていくので、文章全体の段落の数は12になります。クラスの全員が12段落と数えたなら、ここではそのまま12段落としてその後の学習に進んでもよいと思います。もしも歌詞を最初の段落に入れた子どもがいたら、そこで立ち止まって、歌詞は1段落目として入れた方がよいかどうかを話し合います。1段落目と数える理由は、最後のまとめの段落とのつながりです。最後の段落には、歌詞の「おゆうぎ」を受けて、筆者の意見がまとめて書かれています。それが証拠になって、歌詞を1段落目として認定することができます。

重要発問②

「『めだかのひみつ絵本』は何冊つくれるでしょう」

形式段落の数が確定したところで、次の学習に進みます。ここでは、形式段落が歌詞から始まって13あると確認されたとして話を進めていきます。重要発問②は、形式段落の内容を基に、意味段落のまとまりを見つけていくためのものです。子どもたちは、様々な数え方で絵本の数を決めていくことでしょう。ここで答えがいろいろ出てくることが大切です。すべてばらばらに数えたら、13冊の絵本になるということです。そこから、少しずつ内容のまとまりがつく段落をつなげていきます。例えば、「めだかの敵からの身の守り方」が書かれているのは、5段落目から8段落目までの4つの段落です。この4つを1つの絵本にまとめることができます。そうすると、絵本の数は一気に減っていきます。このように、まとめることのできる段落をつなぎ合わせて、絵本の数を少しずつ減らしていきます。そうすることで、この説明文には、大きく2つの内容が書かれているというところまで数を減らしながら、内容を読み解いていくことができるわけです。

意味段落のまとまりを見つける学習はとても大切です。「ここから、ここまでが○○の話」というようにまとまりを見つけていくことができれば、子どもたちは、「その他にもつなげられる段落はないかな」と探し出そうとします。結果的に、説明文の基本的な構造である「はじめ・なか・おわり」も見えてきます。説明文の意味段落は、「つなげる」という発想が、結果的に「分ける」ことにつながるのだという意識をもつことが大切です。

そして、子どもの「目のつけどころ」によって答えが1つにならない、ということともとても重要です。絵本が2冊になると考えた子どもと、3冊になると考えた子どもに分かれたとしたら（もちろん、もっと数が増えてもよいわけですが）、そのように数えた人たちでグループをつくり、それぞれの考える「めだか絵本」をつくればよいのです。絵本づくりを個人でやろうとすると時間がかかります。グループごとに分かれて、グループ内で内容を分担していくと、それほど時間をかけなくても絵本が仕上がることでしょう。

重要発問③
「9段落目には、どの絵本に入れたらよいでしょう」

9段落目には、それまでの敵からの身の守り方を受けて、「（それ）だけではありません」という言い方で、自然の厳しさに耐えるめだかの体の仕組みの話につなげています。つまり、身の守り方と体の仕組みの、両方の内容を含んだ、「つなぎの段落」ということになります。この段落に着目することで、内容の分かれ目をつなぐという役割の段落があることを子どもたちは学びます。これは段落構成図をつくるときにも役に立つ大切な視点です。また、他の説明文を読むときにも「これはつなぎの段落だ」と考えることで、内容の把握や段落相互のつながりが、より納得のいくかたちで見えてくることになります。

③発問で見る単元の見取図

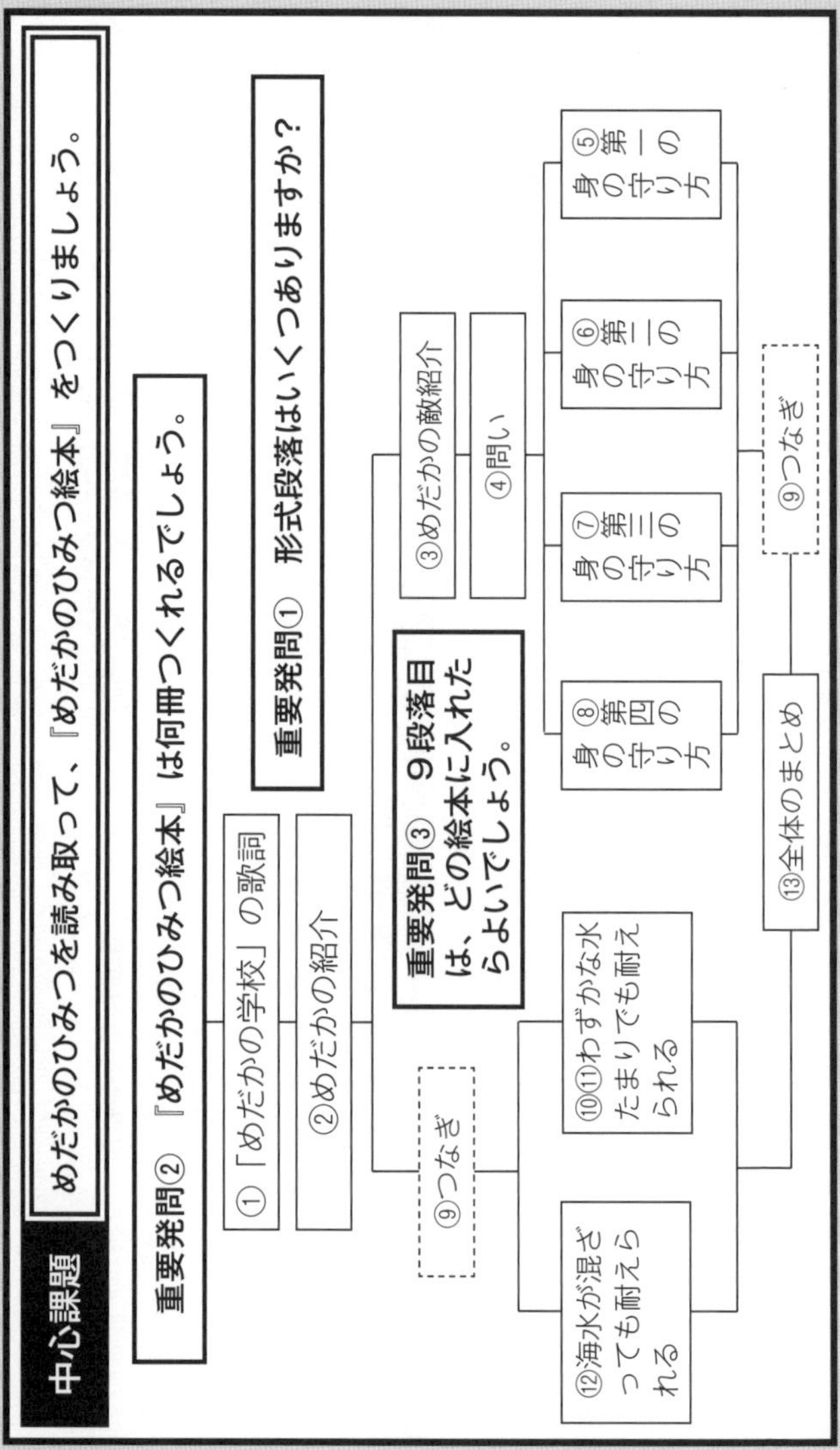
中心課題
めだかのひみつを読み取って、『めだかのひみつ絵本』をつくりましょう。
重要発問② 『めだかのひみつ絵本』は何冊つくれるでしょう。
重要発問① 形式段落はいくつありますか？
①「めだかの学校」の歌詞
②めだかの紹介
③めだかの敵紹介
④問い
⑤第一の身の守り方
⑥第二の身の守り方
⑦第三の身の守り方
⑧第四の身の守り方
重要発問③ 9段落目は、どの絵本に入れたらよいでしょう。
⑨つなぎ
⑩⑪わずかな水たまりでも耐えられる
⑫海水が混ざっても耐えられる
⑬全体のまとめ
⑨つなぎ

2 発問を位置づけた単元計画

●単元の中心課題
◎単元の中心課題につながる重要発問
○その他の発問・指示
・子どもの反応

次／時	子どもの学習活動	主な発問と反応
第一次 1時	1 めだかの飼育経験などについて紹介し合う。 2 教材文を音読する。 3 各自で読む練習をする。 4 気づいたことや考えたことなどをノートにメモする。 5 メモを紹介し合う。 6 単元の中心課題を知る。	○**めだかを飼ったことはありますか？** ・今も育てています。 ・ありません。小さな魚は池で見たことがあるけど。 ○**文章を読んで気づいたことや考えたことをノートにメモしましょう。** ・箇条書きで書くと何の話かがよくわかるな。 ・めだかってすごいんだね。 ・めだかは、知恵を働かせて生きているんだな。 ・敵から身を守る方法がよくわかった。 ●**めだかのひみつを読み取って、『めだかのひみつ絵本』をつくりましょう。**

第二次 1時

1　本時の学習課題を確認する。

2　形式段落の数を数える。

3　段落の数の食い違いに気づき、どちらがよりよいのか考える。

4　歌の歌詞と、最後の段落のつながりに気づき、段落が全部で13あることを確認する。

5　本時の振り返りをする。

◎**形式段落はいくつありますか?**
・12個でした。
・13個あるんじゃない?
・形式段落は、1マス下がっているところに番号をつけていくといいんだよね。どうしてズレるんだろう?

○**1段落目はどこですか?**
・「春になると」から始まる段落が、1段落目だと思いました。
・『めだかの学校』の歌詞が1段落目だと考えました。

○**『めだかの学校』の歌詞は、ただのおまけではないのかな?**
・歌だから、説明文のおまけだと思います。
・でも、筆者にとっては大事だから載せているんでしょ。しかも、一番はじめに。

○**この歌の歌詞が大事だという証拠を見つけましょう。**
・最後の段落に、「歌にあるように」と書かれています。
・わざわざ「おゆうぎ」をしているように、と書いてあります。
・歌の歌詞は、最後の段落とつながっています。

2時

1 文章の構造を捉える。

2 文章全体の意味段落のまとまりを捉える。

3 めだかの身の守り方について、内容を読む。

・ナンバリングという説明の仕方の工夫を知る。

4 身の守り方が書かれている段落の中心文を見つける。

◎**『めだかのひみつ絵本』は何冊つくれるでしょう。**

・7冊です。

・私は3冊できると思います。

・私は4冊がいいと思います。

○**どう分けて絵本にしようと考えたか教えてください。**

・身の守り方が4つ書かれていて、あと体のことが書かれているから、全部で7冊です。

・「身の守り方」で1冊にするといいと思います。あと、「体の仕組み」で1冊できると思います。

・その2冊に足して、めだかの紹介の本を1冊つくると、歌のことも入れられると思います。

○**では、「身の守り方」はいくつ紹介されていますか?**

・4つです。

○**どうしてそんなにすぐにわかるのですか?**

・「第一に」「第二に」…という言い方で書かれていて、「第四に」という言い方で終わっているからです。

○**では、身の守り方がわかるところに線を引いてみましょう。**

・全部段落のはじめの文に線がついてます。

・どの段落も、頭括型で書かれています。

3時

1　身の守り方について書かれている段落のつながりを整理する。

2　体の仕組みについて書かれている段落の内容を読む。

・主語や文末表現の対応を知る。

3　9段落の役割を考える。

・「つなぎ」の段落という役割を知る。

○めだかの敵が紹介されている段落はどこですか？

・3段落です。

・3段落で敵が紹介され、4段落でその敵からどのように身を守るのでしょうという問いが書かれています。

○では、自然の厳しさに耐える体の仕組みは、いくつ紹介されていますか？

・3つだと思います。

・2つだと思います。

・少ない水でも生きられること、水温が上がっても生きられること、真水に海水が混ざっても生きられることの3つだと思います。

◎だいぶ絵本の内容がわかってきました。では、9段落目は、どの絵本に入れたらよいでしょう。

・自然の厳しさに耐える体の仕組みが書かれているので、「体の仕組み」の絵本に入れるのがよいと思います。

・はじめの方には、「敵からの身の守り方」も入っているので、両方の絵本に入ると思います。

第三次 1～3時	1 絵本の全体像を捉える。 ・まとめの段落と具体的事例の段落の関係を捉える。 ・歌の歌詞や、めだかの紹介の段落の役割を考える。 2 グループに分かれて絵本を作成する。 ・第一巻　めだかの紹介の本 第二巻　敵からの身の守り方 第三巻　自然の厳しさに耐える体の仕組み ・3冊の絵本を3セット作成する。 ・表紙や目次も担当者を決める。	**○『めだかのひみつ絵本』は何冊になりますか?** ・3冊がいいと思います。 ・私も、めだかを紹介する絵本と、敵から身を守る絵本と、自然の厳しさに耐える体の仕組みの絵本の3冊がいいと思います。 **○では、3冊セットの絵本をつくりましょう。クラスの人数で手分けをすると、3冊セットが3セットできる計算になります。グループに分かれて、希望の巻をかきましょう。** ・目次をつくってもいいですか? ・自分の絵本のページが早く終わった人が、表紙をつくるといいと思います。 ・まえがきやあとがきも入れるといいと思います。 ・でき上がったら、クラスの廊下か図書室に置いて、みんなに読んでもらいたいです。

3　授業展開例

①第二次1時の授業展開例

T　『めだかのひみつ絵本』をつくるために、文章を読んでいきましょう。**形式段落はいくつありますか？**

3年生になると、説明文の形式段落については、およそ数えることができるようになっていることでしょう。文字通り「形式的に」１マス下がっているところで段落を分けていけばよいからです。『めだか』の文章は、今までに修得した既有知識を見直すよい機会です。文章の形になっていない、冒頭部分の『めだかの学校』の歌詞をどのように捉えるかで、形式段落の数が変わってきます。通常の文章の形になっていない歌詞の言葉が、実はまとめの段落とつながっている大事な役割をもっていることに気づくための学習です。説明文の言葉や段落相互が意図的につながっていることを学ぶ機会となります。

T　どうして段落の数が12と13で分かれたのでしょう。
C　数え間違えかな…。
C　間違ってないな…。
C　13と数えた人は、一番はじめの『めだかの学校』も入れています。
C　それは歌だから…。
T　『めだかの学校』を1段落目にした人は何人いますか？　2人だけですね。この2人が、どうして『めだかの学校』の歌詞を1段落目にしたか、考えがわかる人はいますか？
C　歌だけど、めだかの紹介になっているからだと思います。
C　めだかはのんびりしているように見えるけど、実は大変なんだと筆者が言いたいから、1段落目に入れたと思います。
C　最後の段落に…。

T　ちょっと待って。○○さんは、『めだかの学校』が1段落目になる証拠の言葉を他の段落の言葉から見つけたようですよ。○○さん、そうですよね？（うなずく）○○さんは、どんな証拠を見つけたのでしょうか？

C　見つけました！（他にも「あった」の声）

C　最後の段落に「歌にあるように」と書かれています。歌が、最後の段落とつながっていることがわかります。

C　最後の段落に、わざわざ「おゆうぎ」という言葉があります。「おゆうぎ」をしているように見えるかもしれませんが、実はめだかは大変なんですよ、ということを言いたいのだと思います。だから、はじめの『めだかの学校』の歌詞がないと困ります。

説明文は、すべてがつながっています。段落と段落、事例と事例、さらに事例とまとめ、というようにつながっているのです。文章を深く読むということは、つながりを見つけ出すこと、そしてつながりから解釈をつくることです。根拠となる叙述を見つけて、つながりを見つけていくことが、読むことの学習ではとても大切です。

②第二次2時の授業展開例

『めだか』には、大きく2つの内容が書かれています。1つは「敵からの身の守り方」です。もう1つは「自然の厳しさに耐える体の仕組み」です。子どもが、この2つの意味段落を捉えるために、本単元では「絵本は何冊できるか」という発問で考えさせることにしました。はじめはいろいろな数が出てきて混乱するかもしれませんが、まとめられるところから整理していくと、やがて前述のような大きな内容の枠組みが見えてきます。子どもの実態によっては、「2冊の絵本をつくるとしたら、どこが分かれ目になるでしょう」というような投げかけで考えさせてもよいでしょう。大事なことは、9段落を分かれ目にして、大きく2つの内容が書かれていることに気づかせることです。

T　『めだかのひみつ絵本』は何冊つくれるでしょう。
C　私は10冊つくれると思います。
C　私は7冊つくれると思います。
C　私は3冊つくれると思いました。

T　いろいろ出てきましたね。10冊でも7冊でも3冊でもない人はいますか？

C　私は2冊つくれると思います。

子どもたちから出される数はばらばらになります。しかし、この数のズレが大切なのです。数がズレることによって、子どもたちは「友だちはどのように分けたのかな」というように、仲間の考えを知りたくなります。そこから仲間の考えに耳を傾ける「対話的な学び」が成立していくのです。

T　では、どのように分けたか教えてください。まずは一番数が多かった10冊の人、お願いします。

C　めだかの歌の紹介で1冊、小川などにいるめだかの紹介が1冊目、敵の紹介が3冊目で、身の守り方が4冊、それから体の仕組みが3冊というように分けました。

C　分け過ぎじゃないかな…。

C　合体できるところは合体させた方がいいと思います。

T　7冊と考えた人は、この中からどこかが合体して数が減ったんだよね。どのように分けたか教えてください。

C　敵からの身の守り方で4冊、体の仕組みで3冊にしました。

C　それだけだと、他の段落の文が足りないと思います。

C　私も、○○さんの意見を聞いて思いました。めだかの紹介の絵本があった方がいいと思いました。

T　そうすると、8冊になるということかな？

C　そうです。

C　私は、身の守り方を1冊にまとめて、あと、体のことを1冊にまとめて、めだかの紹介と合わせて3冊になると考えました。

絵本が何冊になるかは、意味段落のまとまりをどのようにつくるかによって変わってきます。敵からの身の守り方をひとまとめにするのか、分冊にするのかは、実際の作業にかかる人数の割り振りにもかかわってきます。ここで大切なことは、目のつけどころに応じて、いろいろな分け方が可能であるという意識で読むことです。このような、答えが1つに定まらない多面的な読み方は、今後に向けて大切な経験になります。

また、ここではまだ2時間目ということもあり、内容を十分に捉えきれていない子どももいると予想されます。「どこからどこまでが何について書かれている話なのか」を確かめながら、急がずに進めていくとよいでしょう。

一番大切なことは、意見がいろいろと分かれた場合に、この時間の中で結論を出さなくてよいという教師の心づもりがあることです。この段階での組み分けは、子どもたちにとっては「仮説」の段階に過ぎません。これから内容をしっかりと読みながら、最終的に何冊になるかを決めていけばよいのです。子どもがどの程度読めているか、仮説として何冊に分けようとしているかが見てとれればよいのです。

この後、より具体的に内容に入っていくことになります。

T　絵本の冊数はいろいろな意見が出ましたね。みんなよく考えながら読んでいます。この説明文の中には、めだかの、敵からの身の守り方が紹介されているのですね。いくつ紹介されていますか?

このような投げかけで、具体的な内容の読みに入っていきます。

C　4つです。

T　どうしてそんなにすぐわかるのかな？

C　文章に、「第一に」「第二に」と書かれていて、「第四に」で終わっているからです。

T　なるほど。みなさんもその言葉を見つけましたね。このように、数を言いながら説明する方法を「ナンバリング」と言います。

「私は、バナナが好きです。理由は3つあります。1つめは…、2つめは…、3つめは…」のような言い方も、ナンバリングを使った言い方です。数を示しながら説明すると、聞く人もわかりやすいですね。

では、第一の身の守り方が、どのような守り方かわかるところに線を引きましょう。

C　私は、「水面近くを…身を守ります」のところに線を引きました。

T　みなさん、同じところに線が引けていますか？　では、第二の身の守り方から後も、身の守り方がよくわかるところに線を引きましょう。

（以下略）

T　4つの身の守り方に線が引けましたね。4つの線を引いたところを比べてみて、気がつくことはありますか？

C　全部、段落の一番はじめの文に線が引いてあります。
C　大事な文が段落の最初にあるということです。
C　段落が「あたま型（頭括型）」になっています。
T　そうですね。筆者は、読む人にわかりやすく伝えるために、大事な文を書く場所をそろえているのですね。
C　他にも気づいたことがあります。文の終わりが、「…して、身を守ります」のように、そろっています。
T　これもいいところに気がつきましたね。文の終わりを「文末表現」と言います。筆者は、文末表現もわざわざそろえて書いているのですね。
C　だからわかりやすいんだ！

子どもたちは、敵からの身の守り方を読み、内容を理解しながらも、さらに筆者の書きぶりにも気づいていきます。筆者が、意図的にわかりやすく書いていることが理解できると、この後の「自然の厳しさに耐える体の仕組み」を読むときにも、その読み方を応用することができるのです。

③第二次3時の授業展開例

ここでは、身の守り方に続いて、体の仕組みについて内容を捉えます。そのうえで、2つの内容の間にある9段落の役割について考えます。

T　この説明文には、めだかの敵からの身の守り方と、自然の厳しさに耐える体の仕組みという大きな2つのことが書いてあることがわかりましたね。絵本の中身も、この2つを書いていけばいいということですね。

C　（うなずく）

T　では、身の守り方と、体の仕組みの間に挟まれている**9段落目は、どの絵本に入れたらよいでしょう。**

C　この段落の最後には、「体の仕組みがあるのです」と書かれているので、体の仕組みの絵本に入れるといいと思います。

C　でも、段落のはじめの文は、「このように」で始まっていて、敵から身を守っている話が書いてあります。

C　両方に入ればいいんじゃないかな。

C　私もそう思います。敵からの身の守り方と、自然に耐える話との両方の絵本に入る段落だと思います。

T　今の2人の考え方はとても大切ですよ。説明文の中には、前の中身を受け止めて、それから後ろにバトンパスするという、「つなぎ」の役割をする段落があるのです。9段落は、前に書いてある「敵からの身の守り方」を一度まとめていますね。説明の言い方を変えると「このように、めだかはいろいろな方法で敵から身を守っています」というようになります。今までの中身をここでいったんまとめているわけです。そのうえで、「めだかのすごいところはもっとあるよ」ということで、「だけではありません」というように、つなげています。このように、「つなぎ」の段落は、前の内容をまとめ、後ろの新たな内容にバトンを渡しているのです。

教師の説明がやや長くなりましたが、説明文にはこのような「つなぎ」の段落が出てくることがあります。「つなぎ」の段落の考え方を学ぶと、文章構成や意味段落のつながりを整理するときにとても役に立ちます。

このように、文章の全体像を捉え、そのうえで意味のまとまりで分けていく学習を、「絵本づくり」という言語活動単元として実践しました。

第6章 ウナギのなぞを追って

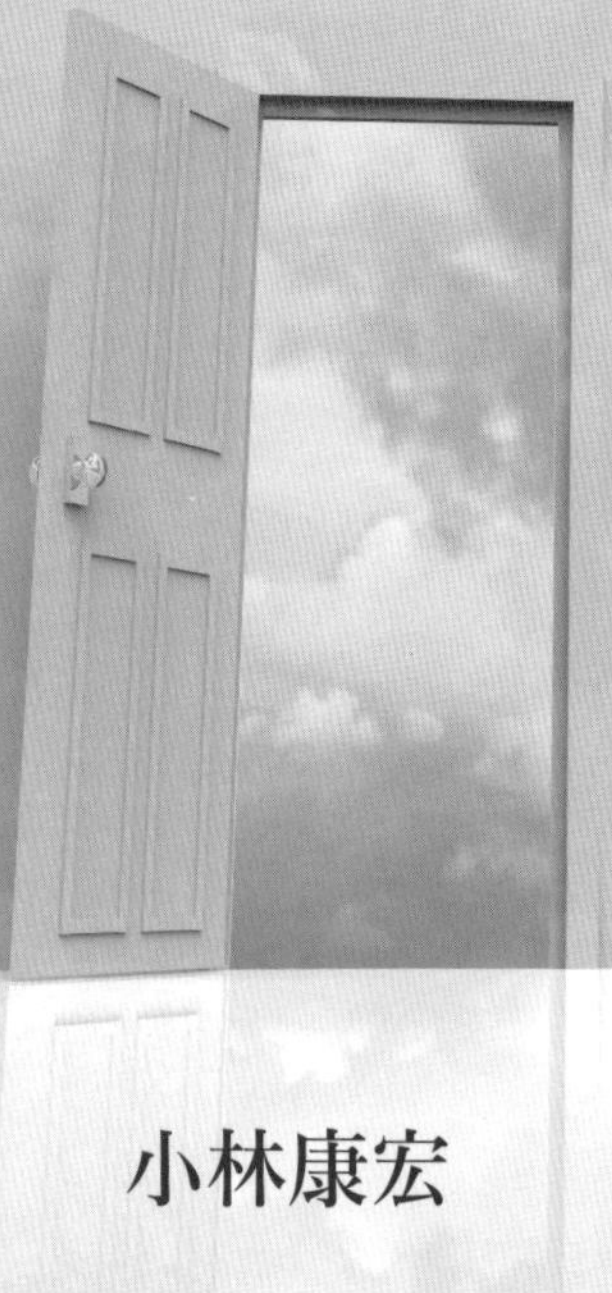

小林康宏

1　教材分析と単元構想

①教材分析と説明文を読み解くための中心課題

『ウナギのなぞを追って』（光村図書４年）は、東京大学名誉教授である塚本勝巳氏により書かれた説明文です。

本教材は、１〜３段落の「序論」で、「ウナギの産卵場所」が突き止められるまで80年近くかかったことを述べ、暗に、その後の本論でウナギの産卵場所が突き止められるまでのことを説明するという話題提示をしています。４段落から12段落までの「本論」は、１９６７年に台湾の近くの海でウナギの稚魚のレプトセファルスがはじめて採取されたことから始まり、２００９年5月22日に、マリアナ諸島の西にある海山付近でウナギの卵を採取したことまでを時系列で述べています。13段落の「結論」では、ウナギの産卵場所がほぼ特定されたということと、なぜマリアナ諸島の西で産卵するのかといった解明されていない疑問を解き明かしたいといった筆者の思いが書かれています。

本教材は、きっちりとした問いがあり、本論で筋道立てて追究し、結論を整然と述べるというよりも、どちらかと言えばドキュメンタリー風な仕立てとなっています。

そのような特性を踏まえて、教科書の教材扉では、興味をもったことを中心に紹介しようという投げかけがされ、本教材を読み、興味をもったことをまとめて紹介するという言語活動が提案されています。学習指導要領で言えば、「読むこと」領域のウ「目的を意識して、中心となる語や文を見付けて要約すること」の指導に重きが置かれます。このときカギになるのが、だれにとって重要となる語や文を見つけるかということです。「興味をもったこと」を紹介するのですから、だれにとって重要かと言えば、教材文を読む自分にとって重要、ということになります。学習指導要領解説では、1、2年の「読むこと」領域のウ「文章の中の重要な語や文を考えて選び出すこと」に関わって「文章の中の重要な語や文とは、書き手が述べている事柄を正確に捉えるために、時間や事柄の順序に関わって文章の中で重要になる語や文、読み手として必要な情報を適切に見付ける上で重要になる語や文」とあるので、読者にとって重要な語や文を取り出すことは、問題ありません。

ただ、学習指導要領解説の3、4年の「読むこと」領域ウには「文章全体の内容を正確に把握した上で」と書かれています。従って、指導する際には、文章に書いてあることを正しく踏まえたうえで要約できるようにする手立てが必要になります。

そして、まずその前に、興味をもったことを紹介するためには、子どもが教材文に興味をもつことが大前提になります。小学校中学年の特性を踏まえ、身近な生き物が好きだから、この教材には自然に子どもたちは興味をもつだろうという教科書会社の見立てがあるのだろうと思います。けれども、年代、稚魚の大きさなどの数字や、耳慣れないレプトセファルスという言葉、マリアナ諸島という世界について未習の子たちにはよくわからない場所、グラフなど、実際に読むと4年生の子にとって本教材の内容的な難度は高いものです。さらに、ウナギの産卵場所を突き止めることに興味をもつ子もいれば、まったく関心をもたない子もいます。そのためか、令和2年度版の教科書では、教材文末尾に「もっと読もう」をつけ、筆者へのインタビューが掲載されています。そこで、「もっと読もう」も活用しつつ、教材文を読むことへの興味をもたせることに十分な配慮をしたうえで、中心課題**「『もっと読もう』も内容に入れて、自分が興味をもったことにつながる『ウナギのなぞ』クイズをつくろう」**を設定し、楽しく、確かに学べる単元を目指します。

②単元構想と発問

はじめに題材に対する興味づけを図ります。まず、名前は身近だけど、少し贅沢な食材として認識されている「ウナギ」そのものに対する興味づけを図ります。例えば本教材の著者である塚本勝巳氏も執筆した『日本うなぎ検定　クイズで学ぶ、ウナギの教科書』（２０１４、小学館）を使いながら、ウナギに関するクイズを出し、本文に書かれている内容について興味をもたせ、初発の感想をまとめさせます。

興味をもたせた段階で本文を読み、内容理解をしていきます。子どもたちは興味をもって読もうとしますが、数字が多いため容易に理解することができません。そこで、数字や場所を手がかりにして、ウナギの卵が見つかるまでの流れを地図にまとめさせます。

内容理解がひと通りできたところで、もう一度興味をもったところを出させます。そのうえで、自分が興味をもったところに関する要約を行わせます。このとき、大切にしなければならないことは、要約の「正確性」です。客観性の高い要約ができたら、それを基にして、「ウナギのなぞ」クイズをつくらせます。これまで子どもたちはみな同じ教材を読んできています。従って、レポート発表のような形で自分が興味をもったこととそれに対する内容をお互いに伝え合う活動にしてしまうと、子どもたちの意欲は高まりません。クイズにすることによって、参加意識は高まり、クイズの出し方によって同じ内容を扱っていても、一人ひとりによる違いが出るので、楽しみながら活動することができます。

クイズを出し合う活動を通して、子どもたちは人によって興味をもつ場所が違うことに気づきます。このとき「人によって興味をもつところは違うんだなぁ」という思いをもたせることにとどまらず、興味をもった理由を伝え合うことで、お互いの読み方の違いから自分の読みの視点を広げることにつなげます。

重要発問①

「ウナギはどこで生まれるでしょう」

本教材の学習は、子どもが興味をもつことを前提としているので、導入の1時間が大変重要になります。

ウナギに関するクイズを出す際、「ウナギの値段が高い理由」について考えさせます。その答えとして、ウナギの数が減っていることを示し、ニホンウナギが生まれる場所は世界中で1か所であることを伝えます。

そのうえで「ウナギはどこで生まれるでしょう？」の問いを出し、本文を読むことへの興味につなげます。

重要発問②

「ウナギの卵発見までを地図に書くと、どのようになりますか？」

地図にかくための手がかりとなるのはまず年代です。年代ごとにどこで何がとれたのかを取り出していくと、スムーズに活動を進めることができます。

子どもたちは「１９６７年に台湾の近くで54ミリのものがはじめてとれた」といった情報を取り出していきます。子どもたちの実態に応じて、あらかじめ形式段落のまとまりを示し、そこからまとめていく方法をとることもできます。

マリアナ諸島までを含む地図を用意することも必要です。地図をつくる活動を行うことで、改めて教科書本文に添えられた地図などの資料を読み、参考にすることで、資料の効果的な読み取りと正確な地図づくりにつながります。

③発問で見る単元の見取図

ウナギはどこで生まれるでしょう。

一番興味をひかれたところはどこですか？

はじめ

話題提示

「はじめ」で示されているのはどんな話題ですか？

①②ウナギはマリアナの海で産卵する

③産卵場所がわかるまで80年近くかかった

中心課題につながる重要発問

その他の発問

凡例

説明

ウナギの卵発見までを地図に書くと、どのようになりますか？

年、場所、レプトセファルスの大きさに目をつけてみましょう

④⑤1967年、台湾の近くで54ミリのものがはじめてとれた

⑥1973年、南、東に調査を広げると体長が次第に小さくなった

なか

詳しい

⑦1991年、北赤道海流で生後20日の10ミリのものがとれた

⑧⑩1994年から3つの海山付近を調べ、2005年に5ミリのものを見つけた

⑪⑫2009年、「フロントと海山の連なりが交わる地点」で1・6ミリの卵を見つけた

おわり

結論と筆者の思い

筆者はどのような思いですか？

⑬ウナギの産卵場所はほぼわかったが、遠くまで卵を産みに来る理由やどうやって雌雄が出会うかなどまだまだ知りたいことは多い

自分が興味をひかれたところを中心に要約しましょう。

中心課題

「もっと読もう」も内容に入れて、自分が興味をもったことにつながる「ウナギのなぞ」クイズをつくろう。

2 発問を位置づけた単元計画

●単元の中心課題
◎単元の中心課題につながる重要発問
○その他の発問・指示
・子どもの反応

次／時	子どもの学習活動	主な発問と反応
第一次 1時	1 ウナギについて知っていることを尋ねる。 2 「ウナギのなぞ」クイズを行う。 3 本時の振り返りをする。	**○ウナギについてどんなことを知っていますか?** ・ニョロニョロしている　・『ごんぎつね』に出てきた **○「ウナギのなぞ」クイズを出します。解けるかな?** **第一問。ウナギはどのくらいまで大きくなるでしょう?** ・1メートルくらいかな（1メートル40センチという記録があります）。 **○ウナギの値段が高い理由は何でしょう?** **◎ウナギはどこで生まれるでしょう。** ・きれいな川。 **○次の時間で教科書から調べてみましょう。**

時	学習活動	発問・指示
二次 1時	1 前時終末の課題解決をする。 2 本時の学習課題を確認する。 3 本時の学習の見通しを確認する。 4 線を引きながら音読をする。 5 興味をひかれたところを発表し合う。 6 3つの内容のまとまりを学級全体で確認する。 7 一番興味をひかれたところを出し合う。 8 本時の振り返りをする。	◎**ウナギはどこで生まれるでしょう。** ・（教師の範読後）マリアナ諸島の西。 ・ウナギってすごい。不思議。 ○**本文を読み、おもしろいところを見つけよう。** ○**不思議、すごい、なるほどと思ったところに線を引こう。** ○**不思議、すごい、なるほどと思ったところを出し合いましょう。** ◎**一番興味をひかれたところはどこですか？**
2時	1 本時の学習課題を確認する。 2 本時の見通しを確認する。 3 いろいろな読み方で音読する。	○**『ウナギのなぞを追って』をすらすら読めるようになろう。** ○**いろんな読み方で音読してみよう。** ・一人で全文読み ・隣の子と一文交代読み ・グループ内で一文交代読み ・グループごと、列ごとで一文交代読み

3時	1　本時の学習課題を確認する。 2　本時の学習の見通しを確認する。 3　1～3段落を要約する。 4　4～12段落の内容を地図にまとめる。 5　13段落を要約する。 6　本時の振り返りをする。	**○はじめ・なか・おわりの内容をまとめましょう。** **○それぞれの役割に沿ってまとめましょう。** **◎「はじめ」で示されているのはどんな話題ですか？** ・ウナギはマリアナの海で産卵する。 ・産卵場所がわかるまで80年近くかかった。 **◎ウナギの卵発見までを地図に書くと、どのようになりますか？** **○年、場所、レプトセファルスの大きさに目をつけてみましょう。** ・地図にまとめていく。 **◎筆者はどのような思いですか？** ・ウナギの産卵場所はほぼわかったが、遠くまで卵を産みに来る理由やどうやって雌雄が出会うかなどまだまだ知りたいことは多い。 **○「もっと読もう」を読んで筆者の思いをもう少し読み取りましょう。** ・筆者は学問だけではなくて人の役に立つことまで考えていてすてきだなぁと思った。

4時

1 本時の学習課題を確認する。
2 本時の学習の見通しを確認する。
3 興味をもったことを再び出し合う。
4 興味をもったことを要約する。
5 興味が共通している子同士でペアになり、正確に要約できているか確認し合う。
6 本時の振り返りをする。

◎**自分が興味をひかれたところを中心に要約しましょう。**
○**興味をもったことに対する正しい要約になるように気をつけましょう。**
○**もう一度、自分が興味をもったところを出しましょう。**
・レプトセファルスの大きさの変化。
・生後2日のレプトセファルスから卵を産む場所を見つけるまでのなぞをどうやって解いたか。
・塚本さんの苦労と喜び。
○**興味をもったことの答えになるように要約しましょう。**
・「生後2日のレプトセファルスから卵を産む場所を見つけるまでのなぞをどうやって解いたか」について要約すると、「生まれて間もないレプトセファルスは、フロントのすぐ南側でとれていたので、フロントと海山の連なりが交わる地点で卵を産むと考えた」となる。
○**同じことに興味をもった人同士でペアになり、お互いの要約が正しいか確かめ合いましょう。**
・Aさんの要約に、「海水のさかい目」と「新月のころ」を入れた方が正確だと思うよ。

5時

1 本時の学習課題を確認する。

2 本時の学習の見通しを確認する。

3 個人でクイズをつくらせる。クイズをつくった内容に興味をもった理由も書き留めさせる。

4 興味が共通している子同士でペアになり、クイズを相互評価する。

5 本時の振り返りをする。

● **「もっと読もう」も内容に入れて、自分が興味をもったことにつながる「ウナギのなぞ」クイズをつくろう。**

○**いろんなクイズの出し方を使って楽しいクイズにしましょう。**

・私は三択クイズにしよう。

・みんなで勉強しているところなので、計算問題を入れたりして難しくしようかな。

○**まず個人でクイズをつくりましょう。**

・「塚本さんの苦労と喜び」を基にクイズをつくろう。「塚本さんが2005年に生後わずか2日のレプトセファルスを見つけてから、卵を見つけるまで何年かかりましたか」という問題はどうかな。

○**同じことに興味をもった人同士でペアになり、お互いにクイズが正しいか確かめ合い、楽しい問題になるようアドバイスし合いましょう。**

・Aさんのつくったクイズは、答えは正しいけれども、2005年という教科書に書いてあることを入れない方が答える人に考えさせるから楽しいと思います。

第三次 1時	1 本時の学習課題を確認する。 2 本時の学習の見通しを確認する。 3 ペアになりクイズを出し合う。 4 本時の振り返りをする。	**○クイズ大会をしてウナギ博士になろう。教科書に書いてあったことをしっかりと思い出そう。** **○ペアになりクイズを出し合いましょう。** ・これから塚本さんの苦労と喜びクイズをします。第1問、塚本さんが、生後わずか2日の…。 ・答えは、「4年間」ですね。
2時	1 本時の学習課題を確認する。 2 本時の学習の見通しを確認する。 3 本時の振り返りをする。	**○お互いの興味をもつ場所の違いを知り、自分の興味に生かせるようになろう。** **○クイズをつくったときに書いた、興味をもった理由を伝え合おう。** ・ぼくが塚本さんの苦労と喜びについてのクイズをつくろうと思った理由は、36年もかかって研究している粘り強さに感動したからです。 ・確かに、塚本さんは私たちが生まれるずっと前から研究しているから、根気強さを尊敬できますね。

3　授業展開例

①第二次4時の授業展開例

これまでの授業で子どもたちは、本文の「序論」「本論」「結論」それぞれに書かれている内容を把握してきています。従って、ある程度、本文に書かれている内容を正確に理解している状態となっています。

そのような状態を受けて、本時では、子ども一人ひとりが本文を読み、興味をもったことについて、本文を要約していく活動を行います。

T　これまでの学習で『ウナギのなぞを追って』の内容はよくわかったと思います。そこでこの時間では、**自分が興味をひかれたところを中心に要約しましょう。**興味をもったことに対する正しい要約になるように気をつけましょう。

T　第1時間目にも行いましたが、改めてこの文章を読んで、もう一度、自分が興味をもったところを出しましょう。

C　レプトセファルスの大きさの変化。

C　レプトセファルスが卵を産む場所を見つけるまでのなぞの解き方。

C　塚本さんの苦労と喜び。

C　月の満ち欠けとウナギの産卵の関係。

第1時間目に興味をもったことは、まだ読み取りをする前のものです。第1時間目では興味はあったものの、文章の内容を理解するにつれて、興味がなくなり、別のことに関心が向いている場合も少なくありません。

そのため、本時の冒頭で、改めてどんなことに興味をもっているのかを子どもたちに確認します。

もう1つ、ここで興味をもったことを確認する理由があります。それは、「興味をもたせるため」です。

子どもたちの中には、「興味をもったことは何ですか」という問いに対して、即答できる子も多くいます。

一方で、「何となくおもしろいなぁと思ったことはあるけど、うまく言葉にまとめられない」「どんなところについて興味をもてばよいのかの見当がつかない」という子もいれば、そういった子たちにとっては、興味をもった子たちが具体的に語る内容が興味をもつための大きな手がかりになります。

興味をもったことを確認する段階は、その後の要約や次時のクイズづくりにも大きく影響しますので、具体を出させ時間をかけて丁寧に行う必要があります。

興味をもったことを決めたら、次は要約を行います。

T　興味をもったことの答えになるように要約しましょう。

答えは、1か所から抜き出せばよい場合もありますし、1か所に書いてあることをまとめる必要がある場合もあります。それから、何か所かに分かれて書いてある場合もあるので、工夫しながらまとめることが必要です。

例えば、「はじめてとれたレプトセファルスと卵では、どのくらい大きさが違うのか」ということに興味をもったとすると、その答えはどこに書いてありますか？

C　はじめてとれたレプトセファルスの大きさについては、教科書の90ページに書いてあって、大きさは54ミリメートルです。

C　卵の大きさについては、教科書の94ページに書いてあって、大きさは1・6ミリメートルです。

T　大きさの違いはどのくらいですか？

C　52・4ミリメートルです。

T　はじめてとれたレプトセファルスの大きさと、卵の大きさのことは、同じところに載っていましたか？

C　載っていません。結構離れたページに載っています。

T　このように、みなさんが興味をもったことについて同じところに載っていない場合も多いので、教科書をよく読んで正確に見つけましょう。

このようにして、個人追究に入る前に、一斉指導の形でモデル学習を行います。そうすると、子どもたちは活動のイメージを適切にもつことができます。

T　ノートに、自分が興味をもったことを題名にして、その隣の行から興味をもったことの答えになるようにして要約を書きましょう。

C　興味をもったこと「生後2日のレプトセファルスから卵を産む場所を見つけるまでのなぞをどうやって解いたか」
要約「生まれて間もないレプトセファルスは、フロントのすぐ南側でとれていたので、フロントと海山の連なりが交わる地点で卵を産むと考えた」

この活動で子どもたちは、自分が興味をもったことに対する答えを自分なりに見つけてノートに書き留めていきます。しかし、各自が興味をもったところだからといって、要約も各自で好きなように進めてしまうのでは、要約する力はつきません。本文の内容を正確に踏まえるように指導する必要があります。ただし、各自の活動の幅が広いので、授業の後であればまだしも、本時の中で子ども一人ひとりの要約内容に関する指導を教師が１人で行うことには無理があります。

そこで、子どもたちをペアにして、要約の内容の相互評価を行わせます。教師が介在しにくい活動のため、できる限り相互評価の質を高める必要があります。そのために、抱いた興味に共通性の高い子同士のペアで相互評価させます。興味に共通性が高ければ、その分注目して読んでいる箇所も共通性が高く、互いの内容に対しても関心が高いからです。

T　同じことに興味をもった人同士でペアになり、お互いの要約が正しいか確かめ合いましょう。不足している要約などにはアドバイスをしましょう。

C　フロントはどんなところなのかや、いつ卵を産むかが教科書に書いてあるから要約に入れた方がいいよ。だから、「海水のさかい目」と「新月のころ」を入れた方が正確だと思うよ。

C　ありがとう。じゃあ、「生まれて間もないレプトセファルスは、塩分の濃さが異なるフロントのすぐ南側でとれていたので、新月のころ、フロントと海山の連なりが交わる地点で卵を産むと考えた」にしてみようかな。

このようにして、お互いの内容を吟味して、精度を高めるようにしていきます。

時間があれば、同様の箇所に興味をもっている別の子とペアを組んで相互評価を行わせ、要約の精度をさらに上げます。

②第二次5時の授業展開例

本時は、前時でまとめた要約を基にしてクイズを作成していきます。

T　**「もっと読もう」も内容に入れて、自分が興味をもったことにつながる「ウナギのなぞ」クイズをつくろう。**楽しいクイズをつくりましょう。
そのために、いろんなクイズの出し方を使ってみましょう。
みなさんは、どんなクイズの出し方を知っていますか？

C　「はじめてレプトセファルスがとれたのはどこの海でしょう」というように問題を出して答えるクイズ。

C　三択クイズ。

C　間違い探し。

T　いろんなクイズの出し方がありますね。ただ、今回の『ウナギのなぞを追って』は、みんな何回も読んで勉強してきた文章ですね。だから、ちょっとクイズの中身も工夫した方がよいと思います。どんな工夫ができそうですか？

C　計算問題を入れたりして難しくしようかな。

T　いいですね。教科書に書いてあるそのままの言葉では答えが出ない問題ですね。この他にも、自分が興味をもったことにつながる「もっと読もう」の内容をクイズに入れても楽しそうですね。

では、詳しいつくり方を、あと3つ説明します。

1つめは、クイズの問題数です。3問から5問の間にしましょう。

2つめは、クイズの範囲です。前回の授業で行った要約のところを基にしてクイズをつくりますが、それでは問題があまりつくれないという場合もあると思います。その場合には、要約したことに関係する「もっと読もう」の内容を入れてもよいです。それから、要約したことに関係していれば、少し幅広いところから問題を考えてもよいです。例えば「生後2日のレプトセファルスから卵を産む場所を見つけるまでのなぞをどうやって解いたか」ということであれば、「生後2日目のレプトセファルスはどうやって見つけたのか」といった問題をつくってもよいでしょう。

3つめは、クイズをつくったら、自分がクイズで取り上げたことに興味をもった理由も書くことです。

では、クイズをつくりましょう。できたら出す順番も考えてみてください。

クイズをつくるための教師の説明は長くなりますが、楽しいクイズをつくり、各自の読みを広げていくためのきっかけをもたせるところですので、つくり方ごとに板書しながら丁寧に押さえましょう。

C 「塚本さんの苦労と喜び」を基にクイズをつくろう。「塚本さんが2005年に生後わずか2日のレプトセファルスを見つけてから、2009年に卵を見つけるまで何年かかりましたか」という問題はどうかなぁ。でも、問題に数字を全部入れてしまうと、ひき算すれば簡単にできてしまうから、「2009年に」を取ろうかな。「もっと読もう」のところにも、「塚本さんの苦労と喜び」がわかるところがあったな。「たまごである期間は1・5日」とか「1辺10メートルくらい」に親ウナギが集まることとか、一瞬の産卵シーンみたいなところから問題がつくれないかな…。

子どもたちは、前時に作成した要約を基にして問題をつくりますが、その中からどのような問題をつくるのか考えたり、新たに問題をつけ加えたりする必要が生じる場合もあることから、個人での問題づくりの時間は十分確保したいところです。

個人で問題をつくれたら、ペアになり、相互評価を行わせます。

相互評価をしていくことにより、お互いのつくる問題の精度を上げ、相手の問題の出し方から自分の問題の出し方の工夫のヒントを得るためです。

このときペアを組むのは、同じようなことに興味をもっている子同士です。理由は前時と同様です。興味が共通していることで、同様の内容をよく読んでいるので、問題が正確につくれているかどうかをチェックするのに適しています。また、問題の工夫の仕方についても、同様のことに興味をもっているからこその助言をし合うことができます。

T　同じことに興味をもった人同士でペアになり、お互いのクイズが正しいか確かめ合い、楽しい問題になるようアドバイスし合いましょう。

C　ぼくがつくった問題からやってみるね。

これから「塚本さんの苦労と喜び」クイズをします。問題は全部で5問あります。全問正解目指してがんばってください。

では第1問。塚本さんが2005年に生後わずか2日のレプトセファルスを見つけてから、卵を見つけるまで何年かかりましたか？　教科書を見てもいいです。

C　答えは4年間です。

C　正解です。では、第2問。簡単でした。

C　ちょっと待って。まとめてやると直すところがわからなくなっちゃうから、1問ずつチェックしていこうよ。まず正解かどうかチェックをしようよ。教科書を見ると生後2日のレプトセファルスを見つけたのが2005年で、卵を見つけたのが2009年だから、ひき算すると4年なので、Aさんが考えた答えは合っているね。それから、問題の楽しさで言うと、2005年というのは教科書に書いてあって、教科書を読む場所の大きなヒントになっちゃうから、2005年を入れない方が考えることが多くて楽しいと思うよ。

C　そうか。たくさん考えてもらった方が答える人にとっては楽しいね。

このようにして、ペアでやりとりしながら、お互いの問題と答えについて相互評価をして、より正しく楽しいクイズができるよう問題を磨き合っていきます。

第7章 くらしの中の和と洋

比江嶋哲

1　教材分析と単元構想

①教材分析と説明文を読み解くための中心課題

『くらしの中の和と洋』（東京書籍４年）で学ぶ言葉の力は、「調べたことを関係付ける」と設定されています。教材文に書かれている和室と洋室の違いやそれぞれのよさについて、書かれていること同士の関係を読み取ります。教科書の手引きでは、くらしの中の「和」と「洋」について調べたことを関連づけ、紹介文を書くようになっています。

ここでは、「読むこと」を中心に6時間で設定しました。文章構成、キーワード（重要語句）、対比の工夫、筆者の主張と読み取っていきながら、つけたい言葉の力である「調べたことを関連付ける」ことを理解し、筆者の「伝えたいこと」と「伝え方のよさ」を考えていきます。

本教材で筆者が「伝えたいこと」は、結論に書いてある、和室と洋室にはそれぞれよさがあり、私たちがその両方のよさを取り入れてくらしていることです。はじめ（話題提示）、なか（具体的な説明）、おわり（筆者の主張）という文章構成ですが、伝えたいことについて、次のような「伝え方のよさ」があります。

- ・序論で伝えたいことに触れ、結論で伝えたいことをまとめている。
- ・写真が提示してあり、イメージしやすい。
- ・大きな違いを述べた後、2つの観点で和室と洋室を対比しながら述べている。
- ・それぞれのよさを短くまとめてから例を述べている。
- ・観点一は「和」と「洋」の順で述べ、観点二は「洋」と「和」の順で述べている。
- ・観点一はそれぞれのよさを、観点二は両方を取り入れたよさを説明している。
- ・観点二では「もし洋室だけだったら」と仮定し、片方だけの不便さも出している。

この「伝え方のよさ」について、筆者の主張に照らし合わせながら読み取らせ、筆者の文章構成の工夫と、対比の仕方について考えさせていきます。

本単元でつけたい言葉の力として、押さえてほしい「調べたことを関連付ける」教材文の対比の構造図は次のようなものです。

大きな違い	床の仕上げ方とそこに置かれる家具

↑

観点	●観点一「部屋の中でのすごし方」和室の例→洋室の例	●観点二「部屋の使い方」洋室の例→和室の例

このように、大きな違いと2つの観点でそのよさを述べる構造図、そして前半両方のよさを伝え、後半では両方のよさを取り入れているということを読み取らせることで、筆者が「伝えたいこと」をしっかり把握させることができる発問を考えていきます。

また、「和と洋どちらも取り入れる」ことではなく、「よさをわかり、自分のくらし方に合わせて、そのよさを取り入れていく」というところまで高めていきたいものです。

このような工夫に気づかせるために、中心課題を**「くらしの中でそれぞれのよさが生かされているとは、どのように生活することでしょう」**として考えていきます。

②単元構想と発問

つけたい言葉の力「調べたことを関係付ける」を捉えさせるために、筆者の目的に触れながら、構成や対比の工夫を考える単元構成にします。

重要発問として、序論・結論から筆者の主張の重要語句を探し出す発問、本論でどのように対比しているのか読み取る発問、観点一、観点二でそれぞれ何を目的にしてどのように工夫して比べているのか考えさせる発問を設定し、中心課題の「くらしの中でそれぞれのよさが生かされているとは、どのように生活することでしょう」につないでいきます。

重要発問①

「筆者の伝えたいことは、『はじめ』と『おわり』のどちらに書かれているでしょう」

この発問で、筆者は何を伝えたいのかを最初に意識させるようにします。「はじめ」「おわり」「両方」の3つの選択肢を出し、考えさせていきます。もちろん「おわり」の段落が伝えたいことなのですが、「はじめ」にも関連した言葉が出てくるので、そこを交流させます。その後「良さ」と「ちがい」のどちらが多く本文に書いてあるかを考えさせ、

「良さ」が中心に書かれていることに気づかせます。

重要発問②

「『なか』の段落を2つに分けましょう」

この発問で、「なか」の段落の構成を考えさせます。「なか」の段落は3つに分かれるので、どのように分ければよいのか議論が起こります。「すごし方」「使い方」の2つの観点で説明していること、「大きなちがい」と「ちがいが生み出す差」という構成に気づかせていきます。文だけで議論するのではなく、イメージをもちやすいよう、教科書の写真を使い、人がいない違いとくらしたときの違いについて考えさせることで、理解しやすくしていきます。このような構成の工夫を議論した後、図にかかせます。

重要発問③

「1つめの観点であなたは和室と洋室のどちらがよいと思いますか？」

この発問で、和室と洋室にはそれぞれよさがあるという筆者の主張に気づかせます。1つめの観点「部屋のすごし方」で、和室と洋室のたたみといすのよさを読み取らせてこの発問をし、自分はどう思うか考えさせます。議論する中で、和室と洋室のよさを互いに言い合うので、両方のよさを押さえられます。次に、「筆者はどちらがよいと言っているのか?」という発問で筆者側から考えさせます。「和室」「洋室」「両方」から選択させて話し合う中で、それぞれよいと思わせたい筆者の目的を、結論の文から読み取らせます。

重要発問④

「もし和室だけだったら、住みやすいでしょうか?」

この発問で筆者の主張の「両方の良さを取り入れてくらしている」という文に気づかせます。「なか」の段落の2つめの観点「部屋の使い方」で、和室の例の「洋室だけしかないとすると」という仮定の文に着目し、和室だけだったら住みやすいのか、逆の視点で考えさせます。どちらかだけでは不便であることを確認し、両方のよさを取り入れているという筆者の目的を、結論の文から読み取らせます。

中心課題では「両方必ず取り入れてくらすということか?」という発問で、それぞれのよさを知り、自分のくらしに合わせて取り入れていくという筆者の主張に気づかせます。

③発問で見る単元の見取図

はじめ

話題提示

①くらしの中には「和」と「洋」が入り交じっている

②「住」について「和」と「洋」それぞれのよさを考えよう

③一番大きな違いは床の仕上げ方と置かれる家具

④⑤⑥部屋のすごし方

⑪部屋の使い方

文章を「はじめ・なか・おわり」で大きく3つに分けましょう。

筆者の伝えたいことは、「はじめ」と「おわり」のどちらに書いているでしょう。

文章全体で「良さ」と「ちがい」のどちらの言葉がたくさん使われているでしょうか？

人がいない和室と洋室の写真を見て、違いを見つけてみましょう。

和室と洋室は、人が入るとどういう違いがあるでしょうか？

「なか」の段落を2つに分けましょう。

おわり	なか
筆者の主張	詳しい説明

なか

⑦⑧和室のよさ

⑫洋室のよさ

⑨⑩洋室のよさ

⑬和室のよさ

「なか」の段落を図に表してみましょう。

たたみといすのよさはいくつありますか？

逆の順番と今の順番ではどっちが「確かにそうだ」と思いますか？

1つめの観点であなたは和室と洋室のどちらがよいと思いますか？

もし和室だけだったら、住みやすいでしょうか？

筆者はどちらがよいと言っているでしょう？

筆者はどういう家がよいと考えているのでしょうか？

凡例

中心課題につながる重要発問

その他の発問

おわり

筆者の主張

⑭⑮「和室」と「洋室」には、それぞれのよさがあり、その両方を取り入れながらくらしている

中心課題

くらしの中でそれぞれのよさが生かされているとは、どのように生活することでしょう。

2 発問を位置づけた単元計画

●単元の中心課題
◎単元の中心課題につながる重要発問
○その他の発問・指示
・子どもの反応

次／時	子どもの学習活動	主な発問と反応
第一次 1時	1 身近なくらしの中の和と洋を話し合い、タイトルから内容を連想する。 2 教材文を音読する。 ・教師の範読を聞きながら、段落番号を書いていく。 3 感想を書く。 4 感想を交流する。 5 全員で考えていきたい課題を決める。 6 この単元でつけたい言葉の力を確認する。	○**写真を見て、違いに気づくことはありますか？** ・片方は洋服を着ているよ。 ・靴と下駄も違うよ。 ○**衣・食・住の写真からどんな和と洋が見つかりますか？** ・和服と洋服、ご飯とパン ・和室と洋室 ○**全文を読んでどんな感想をもちましたか？** ・和室と洋室をいろいろ比べていた。 ・和と洋それぞれよさがあることがわかった。 ●**くらしの中でそれぞれのよさが生かされているとは、どのように生活することでしょう。**

第7章
くらしの中の和と洋

第二次 1時	
1 本時の学習課題を確認する。 2 本時の学習の見通しを確認する。 3 文章の構成を捉える。 4 序論と結論から筆者の主張を考える。 5 文章の中で繰り返されている言葉を読み取る。 6 筆者の主張について話し合う。 7 本時の振り返りをする。	**○文章を「はじめ・なか・おわり」で大きく3つに分けましょう。** ・「はじめ」は1段落と2段落かな。 ・「このように」と書いてあるから、「おわり」は14段落と15段落だと思うよ。 **◎筆者の伝えたいことは、「はじめ」と「おわり」のどちらに書いているでしょう。** ・「おわり」じゃないかな。「はじめ」は和と洋の説明じゃないかな。 ・「良さ」のことが「はじめ」も「おわり」も書いてあるから、両方かもしれないよ。 **○この文章で多く使われているキーワード（重要語句）は何だと思いますか?** ・「和と洋のちがい」だと思う。 ・「良さ」かな。 **○文章全体で「良さ」と「ちがい」のどちらの言葉がたくさん使われているでしょうか?** ・数えてみたら、「ちがい」は2つしかなかったよ。 ・「良さ」は9つもあったよ。筆者は「良さ」を伝えたいんだね。

2時	
1 本時の学習課題を確認する。 2 本時の学習の見通しを確認する。 3 写真から和と洋の違いについて考える。 4 「中」の段落で対比しているものについて読み取る。 5 段落の関係を図に整理する。 6 本時の振り返りをする。	○**「なか」の段落は何と何を比べているのでしょう。** ・和室と洋室です。 ○**人がいない和室と洋室の写真を見て、違いを見つけてみましょう。** ・床がたたみと板だ。 ・洋室はいすがある。 ○**和室と洋室は、人が入るとどういう違いがあるでしょうか？** ・和室は寝転べる。 ・洋室はふかふかのいすで楽。 ◎**（文章を読んで）「なか」の段落を2つに分けましょう。** ・「部屋でのすごし方」「部屋の使い方」です。 ・「大きなちがい」でも分かれるから3つだよ。 ・どうやって2つに分けられるかな。 ○**「なか」の段落を図に表してみましょう。** ・はじめに「和室と洋室の大きなちがい」を言っているよ。 ・次に部屋のすごし方、部屋の使い方について、和室と洋室のよさを出しているよ。

3時	1　本時の学習課題を確認する。 2　学習の見通しを確認する。 3　1つめの観点について、対比している内容を整理する。 4　たたみといすのよさを整理する。 5　和室と洋室のどちらがよいか考え、筆者の主張を捉える。 6　考えを交流する。 7　本時の振り返りをする。	○**部屋でのすごし方は、和室と洋室で何が違いますか？** ・和室はたたみにすわること、洋室はいすにこしかけること。 ・「それに対して」という言葉でわかるよ。 ○**たたみといすのよさはいくつありますか？** ・どちらも2つずつある。 ・どっちもよさを言っているよ。 ◎**1つめの観点であなたは和室と洋室のどちらがよいと思いますか？** ・和室がいいと思った。 ・どっちもいいと思う。 ○**筆者はどちらがよいと言っているでしょう？** **「和室」「洋室」「両方」で答えましょう。** ・どちらも同じ数だけよさが書かれているね。 ・筆者は、どっちもよいと思わせたいんじゃないかな。 ・「おわり」の段落に「和室と洋室には、それぞれ良さがある」とあるよ。

4時

1 本時の学習課題を確認する。

2 本時の学習の見通しを確認する。

3 2つめの観点について、和室と洋室の対比と例示の順番について読み取る。

4 和室の事例の仮定の文について検討する。

5 考えを交流する。

6 筆者の主張を確認し、全体で話す。

7 本時の振り返りをする。

○部屋の使い方について、和室と洋室の何がよいと言っているのでしょうか？

・和室は、1つの部屋をいろいろな目的に使うことができる。

・洋室は、目的に合わせてつくられている。

○逆の順番と今の順番では、どっちが「確かにそうだ」と思いますか？

・洋室の方は部屋の目的と置かれている家具が書いてあるよ。

・目的の例が書かれているからわかりやすいね。

◎もし和室だけだったら、住みやすいでしょうか？

・1つの部屋だから住みやすいと思う。

・写真を見ると、テーブルを片づけて、布団を敷かなくちゃいけないから、洋室と比べて大変だと思う。

○筆者はどういう家がよいと考えているのでしょうか？

・「洋室だけしかないとすると」という言葉から、和室も必要なんだと思う。

・和室と洋室の両方あるとさらによいと伝えたいんじゃないかな。

第三次 1時	
1　本時の学習課題を確認する。 2　本時の学習の見通しを確認する。 3　これまで学習したことを振り返りながら、筆者の書き方の工夫について、グループで検討する。 4　中心課題について考える。 5　考えを交流する。 6　本時の振り返りをする。	○**筆者は調べたことを伝えるためにどのような工夫をしていたでしょう。** ・はじめに大きな違いを言ってから、それぞれについて例を出して述べていました。 ・和室と洋室の例を比べながら、それぞれのよさを書いていた。 ・2つめの観点では、和室と洋室の順を変えて偏らないように工夫していた。 ・両方を取り入れていくということを伝えるために、1つだけの不便さも入れていた。 ●**くらしの中でそれぞれのよさが生かされているとは、どのように生活することでしょう。** ・和と洋のよさに気づくことが大切。 ・和と洋のよさを使うこと。 ○**両方必ず取り入れてくらすということでしょうか？** ・それは違うと思う。 ・自分のくらしに合わせて、それぞれのよさを取り入れていく。

3　授業展開例

①第二次1時の授業展開例

この教材でつけたい言葉の力は、「調べたことを関係付ける」です。和室と洋室について、そのよさや違いをどのようにまとめたか、読み取ることが重要です。そのためには、筆者の目的を把握していく必要があります。つまり、筆者の主張と重要語句を最初の段階で意識させていきます。まず全文を「はじめ・なか・おわり」に分けさせます。

T　文章を「はじめ・なか・おわり」で大きく3つに分けましょう。
C　「はじめ」は、1段落と2段落かな。
C　「このように」と書いてあるから、「おわり」は14段落と15段落だと思うよ。

3つに分けさせた後、「はじめ」と「おわり」の段落の役割について、考えさせます。

T　**筆者の伝えたいことは、「はじめ」と「おわり」のどちらに書いているでしょう。**
「はじめ」「おわり」「両方」のどれかを選んでから話しましょう。

C　「おわり」じゃないかな。「はじめ」は和と洋の説明じゃないかな。

C　「はじめ」の方は話題を出しているだけだと思う。

C　「良さ」のことが「はじめ」も「おわり」も書かれているから、両方かもしれないよ。

話題提示や問い、筆者の主張の役割について、自然に議論になっていきます。そこで、筆者は何を伝えたいのかキーワード（重要語句）について考えさせます。

T　この文章で多く使われているキーワード（重要語句）は何だと思いますか？

C　やっぱり「良さ」だと思う。

C　和と洋の「ちがい」じゃないかな。

「良さ」や「ちがい」に分かれた場合は、次のように問います。

T　文章全体で「良さ」と「ちがい」のどちらの言葉がたくさん使われているでしょうか？
C　数えてみたら「ちがい」は2つしかなかったよ。
C　「良さ」は9つもあったよ。筆者は「良さ」を伝えたいんだね。
C　「和室」と「洋室」の言葉も多かったよ。
T　筆者は何が伝えたいのでしょう。
C　和室と洋室の「良さ」かな。「おわり」の段落にも書かれているよ。

筆者の主張に触れながら、重要語句に気づくことができました。

②第二次2時の授業展開例

本時は、まず、教科書にある写真から見ていきます。

T　人がいない和室と洋室の写真を見て、違いを見つけてみましょう。
C　和室は床がたたみで洋室は板になっているよ。
C　洋室にはいすやソファーがある。

次に、「人がくらした場合」という視点で考えさせます。

T　和室と洋室は、人が入るとどういう違いがあるでしょうか?
C　和室は、寝転ぶことができるよ。
C　洋室では寝られないよ。
C　洋室は、ふかふかのいすがあって、気持ちがいいと思う。
C　和室ではいすはないね。

C　洋室にはテレビがあるからくつろぐ部屋だと思う。
T　では、「なか」の段落で和室と洋室をどのように比べているのか読んでいきましょう。

このように、「人がいない部屋」「人がくらしたとき」の2つの視点で和室と洋室の違いを写真から自分で考えさせます。このことで、和室と洋室の大きな違い、それが生み出す差について意識させることができます。

次に、「なか」の段落を分けていきます。意味段落では3つに分かれますが、あえて「2つ」と指示して、どのように分ければよいのか考えさせていきます。

T　**「なか」の段落を2つに分けましょう。**
C　「まず」「次に」で分けられるよ。
C　「部屋のすごし方」と「部屋の使い方」だ。
T　その前にも文章がありますよ。
C　あれ、3つになってしまうね。

子どもたちは「まず」「次に」の接続詞を基に大きく2つに分けていくと、本論にもう1つ意味段落があることに気づきます。

C　前の文章は、「最も大きなちがい」と言っている。
C　どう分ければいいのかな。
T　3段落を読んで、もう一度考えてみましょう。
C　「最も大きなちがい」と、それが差を生み出すことが書いてあるよ。
C　さっき写真で話したような違いじゃないかな。
C　それが生み出す差って、人がくらしたときの差のことかな。

大きな違いとそれが生み出す差という2つの分け方、そして2つの観点である「部屋のすごし方」「部屋の使い方」の観点が捉えられたら、短いタイトルをつけて、段落がどのように構成されているのか考えさせます。

T　今分けたそれぞれの段落に、短いタイトルをつけましょう。

C　「最も大きなちがい」「部屋のすごし方」「部屋の使い方」です。

T　この「部屋のすごし方」「部屋の使い方」のように、物事を見る立場のことを「観点」と言います。「なか」の段落は、2つの観点で比べているんですね。

T　「大きなちがい」と2つの観点、それぞれの例について図にまとめましょう。

C　さっきの大きなちがいとそれが生み出す差で分けて、さらに2つの観点を入れていけばいいと思うよ。

C　あれっ、観点一は和室、洋室の順で例を出しているけど、観点二は逆の順だね。

ここで、「なか」の段落について、どのように例を出しているのか、子どもたちに図でまとめさせてみましょう。自分で図に表して、友だちと交流して説明させることで、文章の構成について、主体的に考えさせることができます。

実物投影機などで、それぞれのノートを確認したり、短冊カードに書いたものを取り上げたりしながら全体で検討していくとよいでしょう。

和室と洋室の事例のあげ方が2つめの観点では逆だということに気づく子どもも出てきます。なぜそうしたのか問題意識をもたせると、次時の発問につながっていきます。

③第二次4時、第三次1時の授業展開例

ここでは、2つめの観点について読み取っていきます。

T　部屋の使い方について、和室と洋室の何がよいと言っているのでしょうか？　教材文に線を引いてみましょう。和室から考えてみましょう。
C　和室は、「一つの部屋をいろいろな目的に使うことができる」。
C　洋室は、「何に使う部屋か…見当が付きます」。
T　和室は使い方のことを言ってるけど、洋室はたずねた人が感じることを言っていますが、それでいいですか？
C　あれっ、そういえばそうだ。じゃあ何だろう…。
C　「何をするかがはっきり…使いやすくつくられている」ということだと思う。

次に、事例のあげ方について考えさせます。

T　2つめの観点は、和室からではなくて、洋室から説明していますね。

T　逆の順番と今の順番では、どっちが「確かにそうだ」と思いますか？

C　入れ替えて読んでみよう。あれっ、わかりにくい。なぜだろう…。

C　洋室の方は部屋の目的と置かれている家具が書いてあるよ。

C　目的の例が書かれているからわかりやすいね。

C　だから、洋室から説明したんだね。

次は、和室の事例に仮定の文章を入れたことについて検討していきます。

T　13段落目の、家にお客さんがやって来て洋室しかない場合の例は、洋室の「良さ」が書いてあるのですか？

C　いや、洋室だけだと不便だということを言っている。

C　「良さ」じゃなくて、悪い点を言っているよ。

T　では、**もし和室だけだったら、住みやすいでしょうか？**

逆に和室だけだったらどうかという発問で、和室だけの場合の不便な点を考えさせます。

C　1つの部屋でいろいろできるから、住みやすいと思う。

C　でも、写真を見ると、テーブルを片づけたり、布団を敷いたりと、何かするたびにものを動かすので大変だと思う。

片方だけではなぜだめなのか、もう一度筆者の主張を振り返り、伝えたいのは「良さ」だけではないということに気づかせていきます。

C　片方だけだと不便なこともあるということかな。

C「両方の良さを取り入れてくらしている」ということを伝えたいと思う。

このように、家には和室、洋室があって、それぞれのよさを取り入れてくらしているというもう1つの伝えたいことにも気づくことができました。そして、第三次で中心課題について自分で読み取ったことをまとめていきます。

第三次は最初に、つけたい言葉の力の「調べたことを関連付ける」ことについて、筆者がどのような工夫をしたかグループでまとめていきます（具体的には、p191の単元計画の反応例を参考にしてください）。ここでは中心課題の進め方について説明します。

T　中心課題「**くらしの中でそれぞれのよさが生かされているとは、どのように生活することでしょう**」について考えます。

C　それぞれのよさをしっかり知るということだと思う。

C　和と洋も取り入れてくらしていくことだと思う。

T　両方必ず取り入れてくらすということでしょうか？

C　違うと思う。例えば、ベッドとふとんは同時に使えないし、自分の生活に合わせて、和と洋のよいところを取り入れていくということじゃないかな。

C　それぞれのよさを知り、自分のくらしに合ったよさを取り入れるということだね。

「おわり」の筆者の主張について、筆者がどのように伝え方を工夫したかとあわせて読んでいくことで、本論がどういうことを伝えたいか読み取ることができました。

第8章
想像力のスイッチを入れよう

宍戸寛昌

1　教材分析と単元構想

①教材分析と説明文を読み解くための中心課題

「だって、テレビで言っていたもの」

子どもはメディアがもたらす情報を、すべて真実として受け止めがちです。それに待ったをかけるのが、本教材『想像力のスイッチを入れよう』（光村図書5年）の筆者、下村健一さんです。下村さんはニュースキャスターも務めていたジャーナリストで、伝えることのプロフェッショナルです。だからこそ、メディアが伝える情報はそもそも切り取られた一部で、悪意なくゆがんで伝わる場合もあるのだという主張は、とても重く響きます。

メディアとのつき合い方という今日的で高度な話題を、小学生の子どもにもわかりやすく伝えるために、筆者は次のような表現の工夫を組み込んでいます。

①的確な比喩で読者の理解を促す（「想像力のスイッチ」「小さなまど」「かべを破る」）
②仮定や問いかけで読者の思考を促す（「…したとしよう」「…かもしれない」）
③身近な事例と具体的な事例を使い分けながら読者の共感を促す

これらの表現を生かして持論に導くために、段落構成にも様々な工夫がなされています。「序論」では、マラソン大会の例を用いて、出来事が同じであっても発信する内容が異なる場合のあることが語られます。そして、図形の例を用いて、切り取られた情報による思い込みがあることが示されるのです。これら2つの事例を基にして「想像力のスイッチ」という新しい概念を提示されると、読者は何となくそうかもしれないという思いに駆られます。

「本論」では、人気サッカーチームの次期監督と噂されるAさんを取り巻く報道を例に、「想像力のスイッチ」を入れるとはどうすることなのかが語られます。スイッチの入った状態が『まだ分からないよね』『事実かな、印象かな』『他の見方もないかな』『何がかくれているかな』という平易な話し言葉で示されているため、読者も同じ立ち位置からAさんの推移を見守ることができます。

「結論」では、これまで傍観者として読み進めてきた読者の側に焦点が当たります。情報を発信するメディア側だけでなく、受け取る側にも努力が必要なこと、その努力こそ「想像力のスイッチ」を入れることだと語られるのです。自分の想像力で壁を破り、大きな景色を眺めて判断できる人間になってほしいと力強く呼びかける結びは、明るくすがすがしい読後感を与えてくれるのです。

ここまでたくさんの工夫を用いて丁寧に書かれてあるにも関わらず、本教材文を一読しただけではなんとなく理解しきれていないような思いが残ります。それは、「想像力のスイッチ」という比喩の意味するところが、直接的に説明されていないためかもしれません。また、Aさんの事例が仮説に仮説を重ねているように思えるためかもしれません。いずれにせよ、そのあいまいな理解を明確にしていくために**「なぜ想像力のスイッチを入れなければならないのでしょう」**という中心課題が必要になります。

この問いにはっきりと答えられるようになったとき、子どもは教材文の本質をつかんだと同時に、筆者の言う大きな景色を眺めることができるようになったと言えるはずです。

②単元構想と発問

前述の中心課題の答えを導き出すためには、筆者の主張する「想像力のスイッチを入れる」という概念を理解したうえで、その良し悪しを判断しなければなりません。つまり、文章に書かれたことを適切に捉えるための発問と、筆者の意図を捉える発問とをセットにして子どもに投げかける必要があるのです。このような位相の異なる2つの課題を考えるとき、子どもの読みは深まり、批判的な思考が生まれるでしょう。

重要発問①
「想像力のスイッチとは何でしょう」

スイッチを入れるためには、まず想像力のスイッチとは何を例えた言葉なのかを明らかにする必要があります。本文に最初にこの言葉が出てくるのは6段落です。1から5段落の間で事例を2つ述べたうえで示してくるのですから、筆者も一読で理解できないことを想定しているのでしょう。しかも、この時点では具体的に何をどうすることなのかが書かれていないのです。ですから、想像力のスイッチが再び出てくる16段落まで取り上げない方法もあります。しかし、想像力のスイッチが「あたえられた情報を事実の全てだと受け止める」ことの対比としてあげられているところに着目させると、意味合いが変わってきます。序論で書かれた内容を振り返り、まとめる発問となるのです。さらに筆者の意図や工夫を探るために、「想像力を働かせる」「想像力を高める」といった他の言い回しと比べながら次のような発問をするのも効果的です。

「筆者はなぜ想像力のスイッチと名づけたのでしょう」

そして、本論ではスイッチの入れ方が4つの具体的な例で書かれます。この例がひとつながりの物語としてとてもわかりやすく書かれているため、すんなりと読めてしまいます。実はそこが問題で、一つひとつのスイッチの入れ方を、何となくわかったような気分にさせてしまうのです。ですから、次の発問を投げかけて丁寧に読ませていきましょう。

重要発問②

「想像力のスイッチを入れるとは、どうすることなのでしょう」

個々の事例を読み取りながらも、その関係性に着目させる次のような発問を加えていくことで、事例の読み取りが単調になるのを防ぐことができます。

「4つのスイッチの大切さは同じでしょうか?」

「筆者がこの順番で説明しているのはなぜでしょう」

こうして想像力のスイッチが示すもの、スイッチの入れ方がわかったら、いよいよ中心課題であるスイッチを入れる理由について言及できます。筆者の言う「自分の想像力でかべを破り、大きな景色をながめて判断できる人間」になることを、子どもなりの言葉で説明するはずです。ただし、中心課題は単元を貫く大きなものであるために、導き出される答えも「想像力のスイッチを入れないと正しい判断ができなくて、だれかに不利益を与えてしまうから」のような抽象的なものになってしまいます。そこで、次のような発問をして、具体例をあげさせることで理解を深めていきます。

「想像力のスイッチを入れないと、具体的にどんな困ったことが起こるのでしょう」

このように、単元を通して教材文の理解を深めていくためには、子どもに読み取らせたいことと考えさせたいことの関係に留意して発問を仕組んでいくことが大切です。

③発問で見る単元の見取図

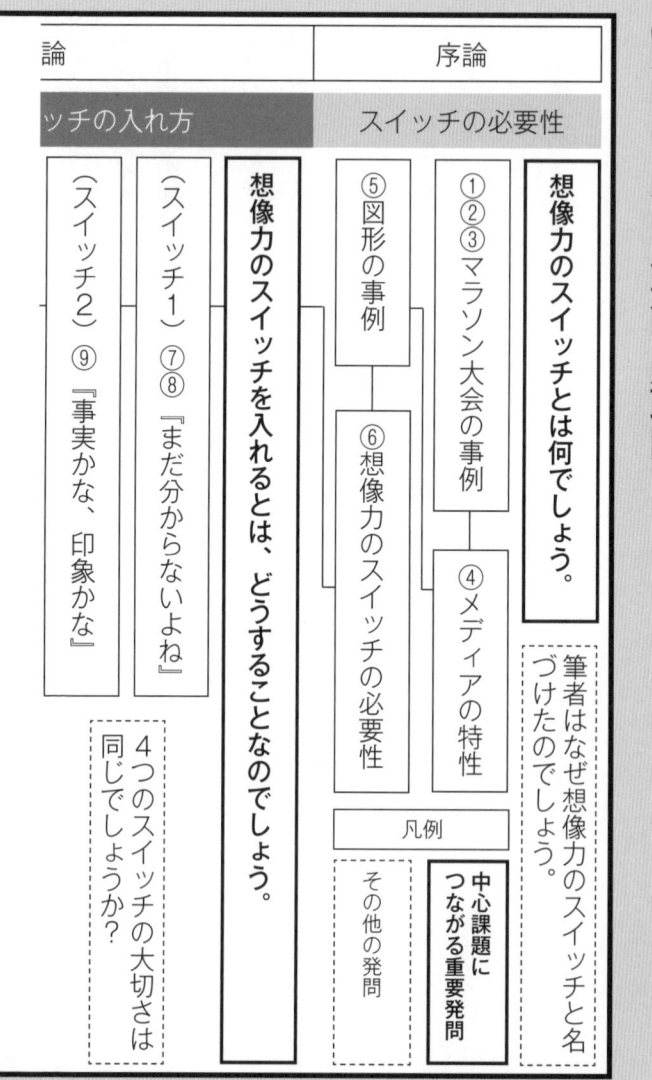

序論

スイッチの必要性

想像力のスイッチとは何でしょう。

筆者はなぜ想像力のスイッチと名づけたのでしょう。

①②③マラソン大会の事例

④メディアの特性

⑤図形の事例

⑥想像力のスイッチの必要性

凡例

中心課題につながる重要発問

その他の発問

論

ッチの入れ方

想像力のスイッチを入れるとは、どうすることなのでしょう。

4つのスイッチの大切さは同じでしょうか？

（スイッチ1）⑦⑧『まだ分からないよね』

（スイッチ2）⑨『事実かな、印象かな』

本

想像力のスイ

（スイッチ3）⑩⑪『他の見方もないかな』

（スイッチ4）⑫『何がかくれているかな』

筆者がこの順番で説明しているのはなぜでしょう。

⑬Aさんの不利益

⑭事例のようなことは実際に起こり得る

中心課題

なぜ想像力のスイッチを入れなければならないのでしょう。

⑮思い込みを防ぐには、メディアと受け手の双方に努力が必要である

⑯想像力のスイッチを入れ、大きな景色をながめて判断してほしい

結論

読者への投げかけ

想像力のスイッチを入れないと、具体的にどんな困ったことが起こるのでしょう。

想像力のスイッチを入れると、何が見えてくるのでしょう。

2　発問を位置づけた単元計画

●単元の中心課題
◎単元の中心課題につながる重要発問
○その他の発問・指示
・子どもの反応

次／時	子どもの学習活動	主な発問と反応
第一次 1時	1　題名から内容を類推させる。 2　教材文を読む。 ・教師の範読を聞きながら、段落番号を書き、難語句に線を引く。 ・段落の境目を探しながら黙読する。 3　感想や疑問を書く。 4　学習課題を設定する。	○**文章を読んで思ったことや考えたことは何ですか?** ・想像力のスイッチは、テレビなどのメディアの情報を知るときに役に立つと思います。 ・なぜ、こんなに具体例を書いているのかを不思議に思いました。 ●**なぜ想像力のスイッチを入れなければならないのでしょう。** ・間違ったニュースにだまされてしまうかもしれないからではないかな。 ・メディアは間違ったニュースを送っているわけではないけれど…。今は答えが出てきません。

第二次 1時	1　本時の学習課題を捉える。 2　本時の学習の見通しを確認する。 3　段落の関係を捉えながら「序論」部を読む。 4　「序論」の2つの事例の内容と、提示した筆者の意図を読み取る。 5　「想像力のスイッチ」とは何かを考える。 6　本時の振り返りをする。	**○筆者が「序論」に事例を2つあげたのはなぜでしょう。** ・1つめの事例は、いかにもありそうな身近なことなので、読者がすんなりと教材に入りやすいです。 ・2つめの事例は、情報を「切り取る」見方を説明するために、簡単な図形を使っているのだと思います。 ・事例が多いとスイッチの説明がわからなくても次が読みたくなります。 **◎想像力のスイッチとは何でしょう。** ・ここまでの文章では、まだよくわかりません。 ・メディアから与えられた情報を受け止めるときに入れるものなのはわかります。 ・思い込みを減らす役に立つこともわかります。 ・図形の見える部分から見えない部分をすぐに推測するのは、スイッチが入っていないからです。 **○筆者はなぜ想像力のスイッチと名づけたのでしょう。** ・想像力が働いているときと働いていないときの違いが、スイッチをパチンと入れたときの様子と似ているからではないかな。 ・「やる気スイッチ」と似ていて、私たちにもその感覚が伝わりやすいためかもしれません。

2時		
	1　本時の学習課題を捉える。 2　本時の学習の見通しを確認する。 3　内容のまとまりに気をつけながら、「本論」部を読む。 4　スイッチ1から4を一文にまとめる。 5　本時の振り返りをする。	**○「本論」部には、想像力のスイッチを入れる必要のある場面が、いくつあげられているでしょう。** ・『』で括られているところが4つあります。 ・どの言葉も「…よね」「…かな」と話し口調になっているのが特徴です。 ・Aさんの事例で新しい事実が出てくるたびに書いてあるので、これが想像力のスイッチだと思います。 **○想像力のスイッチを入れるとは、どうすることなのでしょう。** ・スイッチ1は『まだ分からないよね』です。これは、結論を急がないということです。 ・スイッチ2は『事実かな、印象かな』です。これは、レポーターの印象を取り除いて、事実だけを抜き出して捉えるということです。 ・スイッチ3は『他の見方もないかな』です。これは、同じ事実であっても見方はいろいろあるということです。 ・スイッチ4は『何がかくれているかな』です。これは、メディアがスポットライトを当てていない部分に隠れているものを考えるということです。

3時

1　本時の学習課題を捉える。

2　本時の学習の見通しを確認する。

3　4つのスイッチの価値について軽重を話し合う。

4　4つのスイッチの順序について、このようにした筆者の意図を考え、話し合う。

5　本時の振り返りをする。

○4つのスイッチの大切さは同じでしょうか？

・他の3つと比べると、1つめの『まだ分からないよね』だけレベルが違うように思います。スイッチが入っていない状態というか、ちょっと待ってと止めているというか。

・4つめの『何がかくれているかな』も少しだけ特別だと思います。序論に書かれていた図①や図②の例が出されていることからも、最後に書かれていることからも、一番言いたいことのような気がします。

○筆者がこの順番で説明しているのはなぜでしょう。

・1つめの『まだ分からないよね』は、他のスイッチと違って、これから情報に向き合うときの心構えのようなものだから、最初でなければだめです。

・3つめの『他の見方もないかな』は、印象を除いた後でないと意味がないので、2つめの次のここがいいと思います。

・『何がかくれているかな』が最後なのは、他の見方をした、見直しのようなものだからです。

4時

1 本時の学習課題を捉える。

2 本時の学習の見通しを確認する。

3 「結論」部を読み、筆者の主張をまとめたり、言い換えたりする。

4 想像力のスイッチを入れなければならない理由を考える。

5 想像力のスイッチを入れなかったらどうなるのか話し合う。

6 本時の振り返りをする。

●なぜ想像力のスイッチを入れなければならないのでしょう。

・想像力のスイッチを入れることが、情報を受け取る私たちのできることだからです。
・メディアだけが努力をしても、思い込みの情報はなくならないからです。
・⑯段落に書いてあることがとてもよいと思うのですが、想像力のスイッチを入れると、大きな景色というか、広い世界のことがもっとはっきりと見えるようになるのではないでしょうか。
・広い世界が見えてくれば、少しでもよい判断ができるようになるはずです。

○想像力のスイッチを入れないと、具体的にどんな困ったことが起こるのでしょう。

・Aさんの例のように、誤った情報で傷ついたり、損をしたりする人が出てきます。
・Aさんの例とは違って、たくさんの人から悪いことをしたと思われてしまったら、自分なら外に出られなくなります。
・情報を受け取る側も何が正しいのかわかりません。

第三次 1時

1　本時の学習課題を確認する。

2　本時の学習の見通しを確認する。

3　教師が示した例に対して、想像力のスイッチを入れたら何が見えるのかを考える。

4　それぞれが想定した見方を共有する。

5　想像力のスイッチを入れる必要のある場面を想定し、感じたことや考えたことを交流する。

6　本単元の振り返りをする。

○想像力のスイッチを入れると、何が見えてくるのでしょう。

・スイッチ1を入れると「よく考えたら、今すぐ必要なわけではないかも」と思えて、いったん冷静になることができます。

・スイッチ3を入れると「3こで2000円」というお得な事実が、1個で売ったら損するからかもしれないと思えてきます。

・スイッチ4を入れると、他の店の方が安いかもしれない、安い理由を隠しているかもしれないなど、いろいろな見方が生まれます。

○他にも日常生活の中で想像力のスイッチを入れなければならない場面はありますか？

・この説明文を読んでからテレビを見てみると、コマーシャルはその商品のよいところを切り取って伝えているから、口コミも見ようと思うようになりました。

・インターネットの動画を見ていると広告がたくさん出てくるので面倒だなとしか思っていませんでしたが、想像力のスイッチを入れると、どうして自分のほしいものがわかるのだろうと怖くなりました。

3　授業展開例

①第二次1時の授業展開例

前時に教材文と出合い、そのあらましを捉えているであろう子どもに、次のように語りかけます。

T　「序論」には事例がいくつあげられていますか？

簡単に答えることができそうな発問ですが、ここにはいくつかの意図が込められています。まずは「序論」という言葉が理解できているか。「はじめ」と同じく、説明文における話題提起や問いかけの役割をもつ段落であることを確認できます。次に、序論がどこまでなのか。形式段落の①から⑥までがその範囲に当たるのですが、前時の段落分けがなされていたかを把握することができます。さらに事例を数えるという簡単な活動に取り組ませることで、授業開始時の意欲を高めることにもつながります。おそらくほとんどの子どもは事例が2つであることに気づくことでしょう。そこで、過去に学んだ説明文を想起させながら、次の発問を投げかけます。

T　筆者が「序論」に事例を2つあげたのはなぜでしょう。
C　1つめの事例は、マラソン大会の結果という身近な例だし、先生の言葉もいかにもありそうなので、読者がすんなりと入りやすいです。
C　今まで読んできた説明文も、最初の例はわかりやすいのが多かったよね。
C　2つめの事例は、実際に図を見てみると「なるほど」と思えるものでした。
C　情報を「切り取る」ってこういうことなんだと思わせるために、簡単な図形を使っているのだと思います。
T　2つともわかりやすい事例だということですね。でも、今までに読んできたほとんどの説明文で、序論の事例は1つだけでした。2つも必要ですか？

このように揺さぶると、子どもは強く反論してきます。

C　1つめは大事にするものが違うと発信する情報も違うと言うための事例です。2つめは切り取られた情報だけで判断すると思い込みになると言うための事例です。だから両方必要なのです。

C　1つめと2つめの間に、メディアが情報を切り取って伝えているということが書いてあるので、2つの事例は違う視点で同じことを言っているのだと思います。

ここまで説明的でなくとも、2つの事例はそれぞれ伝えたい内容が密接につながっており、筆者は両方とも必要だと判断したことを共有します。事例に書かれた内容を具体的に読み取りながらも、それらが書かれた意図まで引き出すこのような発問により、子どもは徐々に読むことへの必然性を高めていきます。

事例を捉えたところで、序論をまとめる発問をします。

T　**想像力のスイッチとは何でしょう。**

子どもは口々に予想を述べるでしょうが、「それはどこに書いてあったの？」と聞くと、本文中に直接の答えがないことに気づくはずです。ですから、今の時点ではよくわからないものの、予想できる次のようなことをあげさせましょう。

C　メディアの情報を受け止めるときに役立つものです。
C　思い込みを減らす役に立つこともわかります。
C　事例2の場合だと、図形の見える部分だけから、すぐに見えない部分を推測しようとするのは、スイッチが入っていないからです。

これらは、2つの事例の関係を軸にして序論を読んできたからこそ見えてきた予想です。今の時点ではよくわからない「想像力のスイッチ」を解き明かすために、今後本論と結論を読み深めていこうと呼びかけながらも、授業の終わりには次のような発問を投げかけて筆者の意図を考えさせておきます。

T　筆者はなぜ想像力のスイッチと名づけたのでしょう。

②第二次4時の授業展開例

この単元計画では、第一次1時の教材文を初読したときに「**なぜ想像力のスイッチを入れなければならないのでしょう**」という中心課題を投げかけています。おそらくその時点での子どもの答えは、次のようなものでしょう。

C　間違ったニュースにだまされてしまうかもしれないからではないかな。

C　想像力のスイッチを入れれば、大きな世界を見ることができるからです。

C　メディアは間違ったニュースを送っているわけではないけれど…。今は答えが出てきません。

いずれも初読での印象のみを基に導き出しているため、想像力のスイッチの概念が噛み砕かれておらず、筆者の主張も意図もつかめていません。

しかし、ここまで3時間の読解を経て、序論・本論の内容を理解してきた子どもにもう一度同じ発問をしてみると、読みがどれだけ深まったのかを知ることができます。

T　筆者は、なぜ想像力のスイッチを入れなければならないと訴えているのでしょう。文中の言葉を使って意見を述べましょう。

C　想像力のスイッチを入れることが、情報を受け取る私たちにできることだからです。

C　そうです。そして、メディアだけが努力をしても、思い込みの情報は減っていかないからです。

T　なるほど。私たちとメディアの双方の努力が必要であると書いてありますね。では、想像力のスイッチを入れなければならないのは、情報を受け取る努力が必要だからなのですね。

C　それは違います。確かに想像力のスイッチを入れるのは簡単なことではないと思いますが、努力が必要な分、私たちにもいいことがあります。

C　そうです。わたしは16段落に書いてあることがとてもよいと思うのですが、想像力のスイッチを入れると、大きな景色というか、広い世界のことがもっとはっきりと見えるようになるのではないでしょうか。

C　広い世界が見えたら、よい判断ができるような気がします。

要するに中心課題の答えを導き出すには、16段落に書いてあることを咀嚼し、自分の言葉として腹落ちさせるしかないのです。その際、15段落以前に学んだことを関係づけて話す子どもの見方を価値づけることも忘れないようにしましょう。

こうして筆者の主張のあらましを捉えることができたら、次のような発問について考えさせる過程を設けることが、具体化・一般化への大切な手立てとなります。

T　想像力のスイッチを入れないと、具体的にどんな困ったことが起こるのでしょう。

「具体的に」とは思考の方向性を明確にさせる言葉です。子どもは何かしら事例をあげながら説明しなければなりません。「困ったこと」とは価値の方向性を明確にさせる言葉です。子どもは何かしらのトラブルが起きることを想定しなければなりません。

C　Aさんの例のように、間違った情報で傷ついたり、損をしたりする人が出てしまうと思います。

C　例えば、芸能人がおつき合いをしたり、別れたりというニュースが毎日流れてくるけれど、あれだってもしかしたら全部が本当じゃないかもしれない。だとしたらすごく傷ついていると思うよ。仕事だって減っちゃうしね。

C　もっと悪いことがあるかも。何かの事件が起きたときに、たまたま近くにいただけなのに犯人だと思われちゃって、しかも、テレビとかラジオだとかのニュースでどんどん流されちゃったら…。

C　それ、怖いね。もう外に出られないよ。

C　テレビを見ている方も、何が正しいのかわからなくなってしまう。怖いなぁ。

T　今のような事例も、実際に起こっているのかもしれません。だからこそ、私たちには想像力のスイッチを入れ続ける努力が必要なのだと、筆者は言っているのですね。

怖いことへの想像はどんどん広がっていきますから、そのストッパーとしても想像力のスイッチを入れる大切さを改めて説明しておくとよいでしょう。ここまで子どもの理解が進んだら、もう一度教材文を最初から読み直す時間を設けます。筆者が一番訴えたかった想像力のスイッチを入れる大切さ、そこにたどり着くまでに、読者に配慮した様々な書き方の工夫があったことがはっきりと見えてくるはずです。

③第三次1時の授業展開例

「想像力のスイッチを入れよう」を読み終えただけでは、教材文の理解はできても、納得まで進めることはできません。ましてや、筆者の望む「想像力でかべを破り、大きな景色をながめて判断できる人間」は遠いままでしょう。そこで本時では、教師が設定した場面を提示します。子どもは教材文で得た見方を生かしながら、現実場面へのフィッティングを始めるはずです。

授業で提示するのは上のようなパンフレットです。中央の四角い部分は切り抜かれており、パンフレットを開くとまわりの部分が見えるようになります。これは前述の、壁を破って大きな景色をながめることが体感できるように工夫したものです。

子どもは3個で1000円という消し

ゴムの売り文句に「怪しい！」を連呼しますが、具体的に何がどう怪しいのかを説明するまでには至りません。そこで次のような発問をします。

T　想像力のスイッチを入れると、何が見えてくるのでしょう。

スイッチは4つありますから、どのスイッチから入れるのかをきちんと示してから意見を取り上げていきます。

C　スイッチ1を入れると、下の男の子のように「今すぐ買わなきゃ」とは思わなくなります。

C　そうです。一度冷静になって考えれば「何かおかしいぞ」と気づくはずです。

C　スイッチ3を入れると「3こで2000円」がお得かどうか他の見方を考えることになります。

C　例えば、本当は1個600円なのに、3個で2000円にしているかもしれないし、お店側の在庫が多いからたくさん売りたいだけなのかもしれません。

パンフレットを開いてみると、売り文句の陰に隠れていた様々な事実や意図が明らかになり、子どもは自らの予想が当たったことを喜ぶとともに、想像力のスイッチを入れることの効果を知ります。

ここで子どもの実感へともう一段階近づけるために、次の発問をします。

T　他にも日常生活の中で想像力のスイッチを入れなければならない場面はありますか？

子どもはテレビのコマーシャルやワイドショーのニュース、インターネットの広告などから様々な例をあげるはずです。これらの例をまとめて、メディアとの向き合い方を確かめた後、もう一度『想像力のスイッチを入れよう』を読ませると、筆者のあげる事例の適切さや、主張する考え方に改めて納得する姿が生まれます。

第9章 和の文化を受けつぐ

嵐 直人

1　教材分析と単元構想

①教材分析と説明文を読み解くための中心課題

『和の文化を受けつぐ』（東京書籍5年）は、中山圭子により書き下ろされた説明文です。教科書では、本教材で学んだ事例のあげ方などを基にして、「書くこと」領域の学習として和の文化について調べ、報告をパンフレットにまとめるという複合単元として設定されています。

パンフレットなどを書く場合、その事例の多くは、書き手が読み手に「知ってほしいこと」である場合が多いのですが、子どもが書く場合、「知ってほしいこと」の羅列に終始してしまうことがあります。パンフレットに書く事例は、「つながり」をもったものであることが大切です。この「つながり」には、内容的な「つながり」と、順序的な「つながり」があります。つまり、説明文でいうところの本論の「つながり」と同じです。書き手が並べる事例の「つながり」には、読み手に対する何かしらの意図があります。この「つながり」を意識して読むことができるようになれば、説明文の学習における「筆者の主張を読み取る」ことが、より深い読み取りになるのです。

本教材の題名は、『和の文化を受けつぐ』です。まずは、この題名に着目させます。「受けつぐ」に込めた筆者の意図を考えさせます。和の文化を「知る」ではなく、「受けつぐ」としたことに筆者の意図があるのです。

本教材は、17段落構成となっています。左の図に示すように、序論（話題提示）・本論（事例１～３）・結論（まとめと筆者の思い）という、説明文の典型的な三段構成です。

1（伝統文化の和菓子）
- 2～6（和菓子の歴史）
- 7～11（ほかの文化との関わり）
- 12～15（支える人々）

16～17（和の文化を受けつぐ）

本論において、和菓子に関する事例が３つ書かれています。この３つには、「つながり」

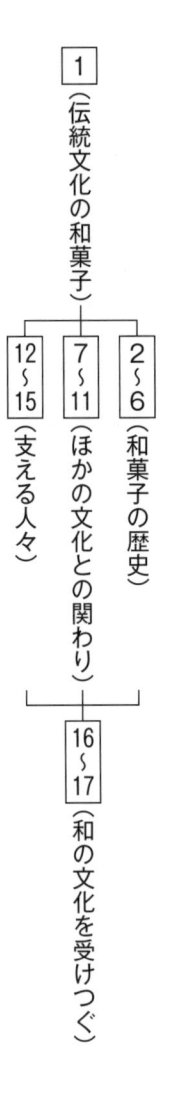

があります。歴史のつながり、ほかの文化とのつながり、そして、人とのつながりです。題名にある「受けつぐ」という表現は、「つなぐ」という意味だと考えられます。筆者は、和菓子というある程度子どもたちに身近な和の文化を用いて、受けつぐ＝つなぐ、ことの大切さを主張しているのです。

説明文で獲得させたい力は、次の3つです。

- ・筆者の主張を納得して受け取る力
- ・筆者の事例の並べ方について吟味する力
- ・筆者の主張に対する自分の考えを明確にもつ力

私たちの生活の中には、和菓子に限らず受けつがれてきた和の文化がたくさんあり、歴史や文化との関わりや、支えている人について考えることで、私たちも日本の文化を受けついでいくことができるということを筆者は述べています。そこで、読み手である子どもが自分事としてこの説明文を読むために、右の説明文で獲得させたい3つの力を意識した読みの実現を目指して、中心課題**「和の文化を受けつぐためには、何がわかるとよいのだろう」**を設定し、追究していきます。

②単元構想と発問

高学年なので、筆者の主張を読み取るのはさほど難しいことではありません。しかし、本教材の場合、筆者が和菓子を一例に和の文化の魅力について述べているところに難しさがあります。筆者の主張をはっきり読み取ることが、その後の事例の並べ方の吟味や、自分の考えを明確にもつことに関わってきます。そこで、次の3つの重要発問を行うことで、中心課題「和の文化を受けつぐためには、何がわかるとよいのだろう」に迫ります。

重要発問① 「筆者の主張は何だろう」

本教材を一読すると、和菓子のすばらしさを述べている文章のように感じられます。しかし、筆者が主張していることは、和の文化に対する「見方・考え方」なのです。具体的には、生活の中には様々に受けつがれてきた和の文化があり、それを歴史やほかの文化との関わり、どんな人が支えているのかを考えることで、私たち自身が文化を受けついでいく一人であるということを主張しているのです。説明文を読む序盤の段階で、まずはこの筆者の主張を正確に受け取る必要があります。

筆者が主張しているのは和菓子のすばらしさ（よさ）なのか、事例をあげて和菓子の何を説明しているのかなど、筆者が主張しているのは本当に和菓子のことなのかを子どもたちに問います。すると、「筆者が伝えたいのは、和菓子のよさなのかな」「和菓子だけじゃなくて、和の文化全体のよさのことなんじゃないかな」という考えを子どもたちがもち始めることが予想できます。

そこで、筆者の主張を正確に受け取るために、説明文の構成をしっかり捉えます。「説明の家」をつくることで、序論・本論・結論を整理します。この重要発問①は、構造と内容の把握段階で子どもが必然性をもって説明文の構成を捉えるために大切な役割をもつ発問なのです。

重要発問②

「なぜ筆者はこの順で事例を並べたのだろう」

重要発問①で説明文の構成を捉え、筆者の主張を正確に受け取った段階で、事例の並びに着目させます。本論であげられている事例は、「和菓子の歴史」「ほかの文化との関わり」「支える人々」の3つです。そこで、子どもたちにこの並び方を吟味させます。具体的には、「この順のよさは何かな?」「15段落は必要かな?」というように、筆者がこの順で並べた意図を検討させます。

筆者が事例をあげる際、必ずその順には意図があります。本教材の場合、和菓子を例に和の文化の大切さを「受けつぐ＝つなぐ」こととして筆者は主張しています。ですから、受けつぐ一人として読み手が自分事として捉えられるようにこの順であげているということを捉える必要があるのです。

重要発問③

「『伝統的な和の文化を再発見させてくれるようなみりょく』とは何だろう」

筆者の主張の1つ前の段落にこのことが書いてあります。そこで、「事例がどれか1つだと和菓子の魅力は伝わらないのかな?」と子どもに問います。すると、3つの事例に共通することを子どもたちは考え始めるでしょう。「つながり」ということです。子どもたちは、和菓子を例に和の文化のよさを述べている筆者の主張を再構成し、「つながり」をキーワードに和の文化の魅力を自分も担おうと、「受けつぐ」意識を高めるでしょう。

③発問で見る単元の見取図

序論

話題提示

和の文化と聞いて、どんなことが思い浮かびますか？

「受けつぐ」と「知る」は、違うのでしょうか？

①私たちの生活の中にはたくさんの伝統文化があり、和菓子もその１つ。

筆者の主張は何だろう。

和菓子の魅力を伝えるために書いたのかな？

凡例

中心課題につながる重要発問

その他の発問

（事例）

②～⑥「和菓子の歴史」
和菓子は、日本古来の食べ物に外国から来た食べ物が影響を与え歴史に変化が生まれた。明治時代以降に西洋から入って来た「洋菓子」と区別するために、日本固有の菓子を「和菓子」と呼ぶようになり、現在に至る。

⑦～⑪「ほかの文化との関わり」

を並べたのだろう。

15段落は必要かな？

中心課題	結論	本論
	まとめと筆者の主張	詳しい説明

和菓子は、年中行事と結びつき、そこには人々の願いや思いが込められている。また、茶道とも深い関わりがあり、和菓子の見た目の印象や言葉の響きが季節を味わう茶道をより豊かなものにしている。

⑫〜⑮「支える人々」
和菓子は、和菓子職人、道具や材料をつくる人に支えられて受けつがれてきた。また、食べる人も大切で、和菓子を味わい楽しむ多くの人に支えられ、受けつがれている。

⑯和菓子には、おいしさばかりではなく、伝統的な和の文化を再発見させてくれるような魅力がある。

⑰様々な和の文化の歴史やほかの文化との関わり、支える人々のことを考えることで、私たちもまた、日本の文化を受けついでいくことができる。

和の文化を受けつぐためには、何がわかるとよいのだろう。

「伝統的な和の文化を再発見させてくれるようなみりょく」とは何だろう。

なぜ筆者はこの順で事例

事例がどれか１つだと和菓子の魅力は伝わらないのかな？

この順のよさは何かな？

2　発問を位置づけた単元計画

●単元の中心課題
◎単元の中心課題につながる重要発問
○その他の発問・指示
・子どもの反応

次／時	子どもの学習活動	主な発問と反応
第一次 1時	1 題名から「和の文化」とは何か、どんなことが思い浮かぶかを考える。 2 教師の範読を聞き、文章のおおよそを捉える。 ・教師の範読を聞きながら、段落番号を書いていく。 ・筆者の主張のおおよそを捉える。 3 「受けつぐ」と「知る」の違いについて考える。 4 現段階で捉えた筆者の主張に対する自分の考えを書く。	○**和の文化と聞いて、どんなことが思い浮かびますか？** ・和食とか、和服とか、「和」ってつくものかな。 ・和食が和の文化なら、洋食は洋の文化っていうのかな。 ○**「受けつぐ」と「知る」は、違うのでしょうか？** ・「受けつぐ」ってことは、ずっと続いているってことだよ。 ・「知る」だと和菓子のよさをいろいろ知るってことかな。「受けつぐ」と「知る」は、違う意味があるよ。

第二次 1時

1 本時の学習課題（重要発問①）を確認する。
2 本時の学習の見通しを確認する。
3 筆者の主張は何かについて、自分の考えをノートに書く。
4 ノートに書いたことをペアや全体で対話する。
5 本時のまとめをする。
・筆者の主張は、和菓子のすばらしさだけではないようだ。
6 本時の振り返りをする。

◎**筆者の主張は何だろう。**
・和菓子はすばらしいってことを伝えたいんじゃないかな。
○**和菓子の魅力を伝えるために書いたのかな？**
・私も知らなかった和菓子の歴史を知ることができたから、和菓子ってすごいなって思ったよ。
・筆者は、和の文化の中でも和菓子が好きだから、和菓子のことを詳しく説明したんじゃないかな。
・違うよ。和菓子がどんなふうに受けつがれてきたのかを説明しているんだよ。
○**和菓子が受けつがれてきたことを説明するために、和菓子の何を書いていますか？**
・「和菓子の歴史」のことが書いてある。飛鳥時代のことから書いてあるよ。
・「ほかの文化との関わり」について書いてある。年中行事や茶道との関りがあるみたいだよ。
・「支える人々」のことが書いてあるよ。和菓子をつくる職人さんのことだ。道具のことも書いてある。
・筆者の主張は、和菓子のすばらしさだけじゃないな。

2時 3時	学習活動	発問・反応
	1 前時終末の流れを確認する。 2 本時の学習課題を確認する。 ・筆者の主張を正確に受け取るために、説明の家をつくって、説明文の構成を捉える。 3 本時の学習の見通しを確認する。 4 自力で「説明の家」をつくる。 5 自分がつくった「説明の家」と仲間のつくった「説明の家」を比べ、説明文の構成をはっきりさせる。 6 本時のまとめをする。 ・「説明の家」をつくったら、筆者の主張がはっきりした。 7 本時の振り返りをする。	○**「説明の家」をつくり、説明文の構成を捉えましょう。** ・序論は、1段落で、伝統的文化の1つに和菓子があるってことが書いてある。 ・本論は3つある。1つめは2～6段落で、「和菓子の歴史」のことが書いてある。 ・2つめは、7～11段落で、「ほかの文化との関わり」のことが書いてある。 ・3つめは、12～15段落で、「支える人々」のことが書いてある。 ・結論は、16～17段落で、和の文化を受けつぐことは大切だったことが書いてある。 ○**筆者の主張がはっきりしましたか?** ・筆者は、結論で、和菓子だけじゃなくて、受けつがれてきた文化がたくさんあるって書いているよ。 ・歴史やほかの文化との関わり、それを支える人々について考えることが大切だって主張している。 ・最後には、それを考えることで、私たちも日本の文化を受けついでいくことができるって言っているから、「あなたもその担い手ですよ」っていうメッセージなんじゃないかな。それが筆者の主張だと思う。

時	学習活動	児童の反応
第三次 1時	1 本時の学習課題（重要発問②）を確認する。 2 この事例の順のよさについて、自分の考えをノートに書く。 3 ノートに書いたことをペアや全体で対話する。 4 本時のまとめをする。 ・受けつがれてきて「現在」があることを伝えるため。	◎**なぜ筆者はこの順で事例を並べたのだろう。** ○**この順のよさは何かな？** ・和菓子のはじまりを知るには、歴史を知ることが大切だからかな。 ・歴史を知れば、そこからほかの文化との関わりを考えることができる。 ・最終的には、受けつぐのは「人」だから、支える人のことを書いている。 ・歴史を知れば現在に受けつがれてきたことがわかる。
2時	1 本時の学習課題（重要発問②の続き）を確認する。 2 15段落の必要性について、自分の考えをノートに書く。 3 ノートに書いたことをペアや全体で対話する。 4 本時のまとめをする。 ・事例の順には、読み手に自分事として読んでほしいという筆者の意図がある。	○**15段落は必要かな？** ・14段落までに和菓子職人のことが書いてあるから、食べる人のことはいらないんじゃないかな。 ・でも、つくる人がいても、それを食べる人がいないと文化として受けつがれてこなかったと思うよ。 ・ぼくも和菓子が好きだから、和菓子の文化を受けついできた一人なのかな。 ・何だか、和の文化を受けつぐって、自分たちも大きく関わっているような気がしてきたな。

3時	1　本時の学習課題（重要発問③）を確認する。 2　本時の学習の見通しを確認する。 3　事例1～3のどれか1つだけだと、和菓子の魅力は伝わらないかどうかについて、自分の考えをノートに書く。 4　ノートに書いたことをペアや全体で対話する。 5　本時のまとめをする。 ・歴史や文化、人との「つながり」を知ることで興味をもつ人が増えることが、和菓子の魅力。 6　本時の振り返りをする。	◎**「伝統的な和の文化を再発見させてくれるようなみりょく」とは何だろう。** ・和菓子にはたくさんの歴史があるってことかな。 ・ほかの文化とも関わっているってことだよ。 ・和菓子に関わる、支える人の存在だよ。 ○**事例がどれか1つだと和菓子の魅力は伝わらないのかな？** ・歴史だけを知っても、和菓子に興味をもつことができない人もいると思うよ。 ・事例3つは、どれも「つながり」っていうキーワードがあると思う。「歴史のつながり」「ほかの文化とのつながり」「人のつながり」っていう。 ・「つながり」を知れば、興味をもつ人が増えると思う。 ・それが「再発見」ってことかもね。 ○**和菓子の魅力を読み手に伝えるために、事例は3つとも必要ということでよいですか？** ・3つの事例があるから、和菓子を「味わい楽しむ」人ってことで、自分も受けつぐことができる存在だと気づくことができたよ。 ・事例は3つとも必要だね。

4時

1 前時までの学習を想起する。

2 本時の学習課題（単元の中心課題）を確認する。

3 本時の学習の見通しを確認する。

4 和の文化を受けつぐためには、何がわかるとよいかについて、自分の考えをノートにまとめる。

5 ペアや全体で考えを対話する。

6 本時のまとめをする。
・興味をもつことが受けつぐことの第一歩で、興味をもつために様々なこととの「つながり」がわかるとよい。

7 本時の振り返りをする。

・和菓子の歴史やほかの文化との関わり、支える人々のことが詳しくわかった。
・私たちも受けつぐための大切な存在なんだ。

●和の文化を受けつぐためには、何がわかるとよいのだろう。

・歴史やほかの文化との関わり、支える人たちのことが事例として書いてあったけど、そこで大切なのは「つながり」ってことだったな。
・「つながり」がわかると、人は興味をもちやすい。
・だから、和の文化を受けつぐためには、その文化にまつわるいろいろな「つながり」をわかっておくことが大切なんだな。

○和の文化を受けつぐ一人の人間として、大切にしなければならないことは何ですか？

・１つの「見方・考え方」だけではなくて、和の文化をさまざまな「つながり」の中で見たり、考えたりすることが大切だと思う。

3　授業展開例

①第三次2時の授業展開例

前時の学習で、重要発問②「なぜ筆者はこの順で事例を並べたのだろう」を考えるために、「この順のよさは何か」を検討した状況です。事例1～3の「つながり」について、一定の納得をしている子どもたちですが、ここで1つ、気になる段落があるのです。15段落に「食べる人」の存在が書かれていることです。それまでは、歴史やほかの文化との関わり、支える人としての和菓子職人のことが書かれているのですが、筆者がここでなぜ、「食べる人」を出してきたのかを考えさせます。

T　15段落に「食べる人」も和菓子を支える人として出てくるのですが、15段落は必要なのでしょうか？

このような問いかけをすることで、子どもたちは15段落の必要性に目を向けます。それまでは何となく読んでいた15段落が、「食べる人」の存在をあえて出す役目として必要かどうか、疑問を抱き始めるのです。

T　15段落は必要かな？

C　14段落までに、和菓子職人のことが書いてありました。職人さんならつくる人だから「支える」という表現が合うと思うんだけど、食べる人のことは「支える」と言わないと思うから、15段落はいらないんじゃないかなと思います。

C　でも、つくる人がいても、それを食べる人がいないと文化として続かなかったんじゃないかなと思います。

ここで、「食べる人」の価値が見いだされることになります。この「食べる人」というのは、読み手である子どもたち自身でもあることに気づかせる必要があります。子どもたちに自分事として気づかせるために、次のように問います。

T　みなさんは、和菓子が好きですか？

C　はい、ぼくは甘いお菓子が好きなんだけど、特に大福みたいなあんこを使った和菓子が大好きです。あまりに好き過ぎて、お店で買うだけじゃなくて、よくお母さんにつくってもらいます。

C　私は、実は和菓子が苦手です。でも、見た目はきれいだから、お店に並んでいるのをよく見ています。

T　和菓子が好きな人も苦手な人も、それぞれに理由があるってことですね。つまり、和菓子に興味があるってことですね。

C　確かに。そう考えると、和菓子を食べるぼくたちも、和菓子に関わっている人っていう見方ができると思います。

それまで「食べる人」は、和菓子職人と比べると直接的に和菓子と関わりのない存在だと子どもたちは思っていました。しかし、「食べる人」が自分たちであることに気づくことができたとき、自分たちも和菓子の文化を受けついでいる一人だと認識できるようになるのです。

T　ここで改めて15段落の必要性を考えてみましょう。
C　15段落がなかったら、「食べる人」としての自分たちの存在に気づくことができませんでした。
C　筆者の中山さんは、きっと、この説明文を読んでいる私たちに、「あなたも和菓子を受けついできた一人ですよ」ということに気づいてほしかったんだと思います。
C　そう考えると、15段落は和の文化について私たちが考えるために必要な段落だと思います。

このような対話を経て、15段落の価値に子どもたちは気づきます。この後考える単元の中心課題にもつながっていく自分事として説明文の内容を捉えることができたということになります。説明文の内容をいかに自分事として捉えることができるかということは、追究意欲を高め、子どもたちの知的好奇心を醸成する大切な要素となるのです。

②第三次3時の授業展開例

重要発問③「『伝統的な和の文化を再発見させてくれるようなみりょく』とは何だろう」について考える時間です。筆者は、和菓子にはおいしさだけではなく、「伝統的な和の文化を再発見させてくれるようなみりょく」があると言っていますが、果たして子どもたちはそこまで考えることができているでしょうか。

T　筆者の言う和菓子の魅力って、どんなことだと思いますか?
C　和菓子には、たくさんの歴史があることだと思います。
C　ほかの文化との関わりがあるっていうことです。
C　和菓子に関わる、支える人たちの存在があるということです。
T　そうですね。筆者は事例1~3で、それらのことを書いていましたね。

子どもたちは前時までに本論にある事例1~3について、その構成や内容を詳しく読んできているので、このように和菓子の魅力を捉えている状況です。そのような状況の子どもたちに、次のように問います。

T　事例がどれか1つだと和菓子の魅力は伝わらないのかな?

子どもたちは先述のように、「歴史」「ほかの文化との関わり」「支える人々」という観点でそれぞれの事例の価値をしっかり意識しています。確かに、それらを知っていることが和菓子の魅力を知っているということにはなるでしょう。しかし、「再発見させてくれるようなみりょく」となると、事例1~3を単体として捉えるだけでは十分ではなさそうです。

そこで、事例1~3を再読することで見えてくるキーワードを考えさせるために、「事例がどれか1つだと和菓子の魅力は伝わらないのかな?」と問いかけます。

C　歴史だけ知っていても、「ふーん」で終わってしまうと思います。和菓子に興味をもつことができない人もいると思います。

C　事例3つは、どれも「つながり」っていうキーワードがあると思います。

C　確かに。歴史はつながりそのものだし、年中行事や茶道っていう文化とのつながりもあると思います。それに、和菓子職人や和菓子をつくる道具っていうのも、和菓子と人をつないでいると思います。

C　「歴史のつながり」「ほかの文化とのつながり」「人のつながり」っていうことですね。

T　「つながり」を知ると、何かいいことがありそうですか？

C　「つながり」を知ると、和菓子に興味をもつ人が増えると思います。もし和菓子を食べることがそんなに好きではなくても、歴史や文化という観点でつながりがあることを知れば、和菓子っておもしろいなって興味をもつ人もいると思います。

C　なるほど、それが筆者の言う「再発見させてくれるみりょく」かもしれないね。

このような対話を経て、子どもたちに再度、問いかけます。

T　和菓子の魅力を読み手に伝えるために、事例は3つとも必要ということでよいですか？

C　はい。3つの事例があるから、最後は「和菓子を食べる人」っていうことで、私、つまり自分自身も「受けつぐ」ことができる存在なんだって気づくことができました。

C　事例は、3つとも必要なんだってわかりました。

和菓子の、「伝統的な和の文化を再発見させてくれるようなみりょく」とは何かについて対話した場面でした。この対話ではっきりしたことは、「再発見させてくれるような」魅力についてです。つまり、再発見するためには、様々な観点から物事を考える「見方・考え方」を働かせなければなりません。和菓子の歴史、ほかの文化との関わり、支える人の存在、それら単体の観点ではなく、それぞれがつながっていることを理解しなければならないのです。

ある物事に対して人が魅力を感じるのは、その前提として、その物事に興味をもつことが必要です。本教材において筆者は、読み手が興味をもつような事例の並べ方をすることで、和菓子の魅力について書いているのです。

本時のまとめとして、重要発問③に対して、「歴史や文化、人との『つながり』を知ることで興味をもつ人が増えることが、和菓子の魅力だ」としました。「つながり」というキーワードを意識した子どもたちが、いよいよ中心課題に向かいます。

③第三次4時の授業展開例

前時までの学習で、子どもたちは、和菓子の歴史やほかの文化との関わり、支える人々のことを詳しく読んできました。また、15段落の必要性を考えることを通して、「自分たちも和菓子の文化を受けつぐための大切な存在なんだ」と、自分事として和の文化を受けつぐことについて意識を高めてきました。

そんな状況の子どもたちに、説明文を読むことで獲得させたい3つの力を改めて確認します。

- 筆者の主張を納得して受け取る力
- 筆者の事例の並べ方について吟味する力
- 筆者の主張に対する自分の考えを明確にもつ力

この力の3つめ、「筆者の主張に対する自分の考えを明確にもつ力」を高めるために、本単元の中心課題として、子どもたちに次のように問います。

T　**和の文化を受けつぐためには、何がわかるとよいのだろう。**

このことは、和菓子を扱う本教材の「読み」の学習のまとめであると同時に、複合単元として次時以降に自分の興味に基づいた和の文化のパンフレットを「書く」学習でも大切な視点となります。パンフレットに書く内容に、読み手の興味を引くような「つながり」をもたせるためです。

この中心話題に対する自分の考えをもたせるために、これまでの学習をしっかり想起させる時間を確保することが大切です。説明文で獲得させせたい力の「筆者の主張を納得して受け取る力」を高めるために、「説明の家」をつくる言語活動を通して説明文の構成を捉えました。「筆者の事例の並べ方を吟味する力」を高めるために、事例の並び順のよさや3つの事例の必要性を検討しました。それぞれの学習場面で考えたこと、対話したことをしっかり想起させることで、中心課題に対する考えが深いものになり、「筆者の主張に対する自分の考えを明確にもつ力」が高まっていくのです。

T　この単元の中心課題として、「和の文化を受けつぐためには、何がわかるとよいのか」を考えます。これまでの学習をしっかり思い出し、自分の考えをノートに書きましょう。

C　歴史やほかの文化との関わり、支える人たちのことが事例として書いてあったけど、そこで大切なのは「つながり」ということでした。

C　「つながり」がわかると、人は興味をもちやすくなります。だから、和の文化を受けつぐためには、まず興味をもつことが大切で、そのためには、その文化にまつわるいろいろな観点からの「つながり」をわかっておくことが大切だと思いました。

自分自身のこれまでの学びをしっかり想起し、そのうえで子ども一人ひとりが書く自分の考えは、どれも正しい解釈と言えます。「自分の考えを明確にもつ」という点からも、学級全体のまとめは行わない方がよいのかもしれません。しかし、説明文の学習のゴールの1つとして、次のように本時のまとめを行い、本教材を用いた「読み」の学習を終えることとします。

中心課題に対するまとめは、「興味をもつことが受けつぐことの第一歩で、興味をもつために様々なこととの『つながり』がわかるとよい」です。

第10章
『鳥獣戯画』を読む

河合啓志

1　教材分析と単元構想

①教材分析と説明文を読み解くための中心課題

説明文は読者に何かを説明する文章です。小学校の6年間で子どもたちは多くの説明文に出合います。その説明文の中には、説明する対象に向けた、筆者の熱い思いや感動が、文章に色濃く表れたものがあります。『「鳥獣戯画」を読む』（光村図書6年）は、その中の1つです。筆者の高畑勲さんは、『火垂るの墓』などで知られるアニメーション映画監督です。『「鳥獣戯画」を読む』は、高畑さんの『鳥獣戯画』に対する熱い思いが言葉の端々に感じられる説明文です。

教科書では、「書くこと」領域の単元「日本文化を発信しよう」との複合単元として設定されています。『「鳥獣戯画」を読む』の学習で、表現の工夫を捉えて読み、それを生かして書く学習につなげるという単元です。「読むこと」「書くこと」の複合単元では、「書くこと」に必要な情報を得るために説明文を読む学習が多くなされますが、『「鳥獣戯画」を読む』では、ものの見方や論の展開の工夫だけでなく、筆者の高畑勲さんの熱い感動を読み味わうことを大切にしたいものです。何かに熱くなり、それを追究し続けた人の思いに触れることが、間もなく小学校を卒業する6年生にとって価値あるものとなります。

そこで本教材では、文章全体の構成を捉えて要旨を把握する学習の後、論の進め方について考える学習を展開します。

本教材は、9段落構成となっています。それぞれの段落の要点は以下のようになります。

1　絵に対する解釈
2　墨一色の線と濃淡だけで、ちゃんと動物を観察したうえで、ほぼ正確に描いている。
3　この絵は、「漫画の祖」と言われる国宝の絵巻物『鳥獣戯画』の一場面。
4　長い紙に絵を連続してかくことで時間を進める『鳥獣戯画』はアニメの祖でもある。
5　ポーズ、目と口のかき方、ふきだしなど、漫画のようなことを昔にしていた。
6　ちょっとした筆さばきだけで、動きや表情を表現している。
7　絵巻の絵は、繰り広げるにつれて、右から左へと次々と時間が流れていく。

8　12世紀から言葉と絵の力で物語を語ることが途切れることなく続いているのは日本文化の大きな特色である。

9　世界を見渡しても12世紀にこれほど自由闊達なものはなく、今まで受け継がれてきた『鳥獣戯画』は人類の宝である。

1段落と2段落で、絵と読者の出合いが設定され、3段落と4段落で『鳥獣戯画』の解説をします。5段落と6段落で絵の解説、7段落と8段落で絵巻物の解説をします。9段落に、筆者が最も主張したいことが述べられています。1〜4段落が「序論」、5〜8段落が「本論」、9段落が「結論」の双括型の説明文となります。文章構成についてはいくつかの考え方があり、典型的な説明文の型とは言い難い教材です。しかし、それこそが筆者の主張のである「自由闊達」を表しているのかもしれません。

そのようなことを踏まえ、中心課題**「高畑さんは、あなたたちに伝えたいことが少しでも伝わるように、どんな工夫をしたのでしょう」**を設定します。この課題を通して、『鳥獣戯画』を生み出した自由な心をもった当時の人々や、それを受け継いできた人々、そして、それを絵本や紙芝居、漫画やアニメなどに発展させてきた人々への高畑勲さんの感動を読み解いていき、それを支える構成の工夫について追究していきます。

②単元構想と発問

筆者の文章構成の工夫を読み解くためには、教材の大枠を理解し、筆者が伝えたいことを明らかにすることが必要です。そこで単元は「文章構成」「内容の読み取り」「構成の工夫」の順で展開します。そして次の3つの重要発問を行います。

重要発問①
「序論・本論・結論はどこで分けられますか？」

要旨や表現の工夫を読み取るためには、教材の大枠を理解することが必要です。教材の大枠を理解するとは、各段落に書かれている内容や、大まかな論の展開を理解することです。そのためには、教材全体を序論・本論・結論の3つに分ける学習が有効です。ここで重要なことは、学習の目標が「教材の大枠を理解すること」であるという点です。つまり、どのように分けたかというより、分ける活動を通して、各段落に書かれていることを読み解くことが目標になります。『「鳥獣戯画」を読む』は、大きく2つの分け方があります。

分け方1　序論①②　本論③④⑤⑥⑦⑧　結論⑨《尾括型の説明文》
分け方2　序論①②③④　本論⑤⑥⑦⑧　結論⑨《双括型の説明文》

結論の9段落は、具体例が多く書かれているのであまり議論になることはありません。しかし序論は意見が分かれます。序論が①②か①～④かを話し合うことが大切です。子どもたちは、それぞれの段落に書かれていることを分ける理由として説明します。話し合いを通して1段落から4段落までのそれぞれの書かれている内容を明らかにしていきます。

重要発問②

「高畑さんは鳥獣戯画のどんなところに感動しましたか？」

高畑さんの鳥獣戯画に対する感動を読み解いていきます。高畑さんの感動が読み取れる言葉は、各段落に散りばめられています。それを整理していくと、「絵に対する感動」「絵巻物に対する感動」「歴史的な役割に対する感動」の3つに分類できます。これは、本論の文章構成とつながります。「絵に対する感動」は5、6段落、「絵巻物に対する感動」は

7段落、「歴史的な役割に対する感動」は8段落に書かれています。これらの感動を読み取ることで、重要発問③の筆者が伝えたいことを深く考えることができます。

重要発問③

「高畑さんがあなたたちにどうしても伝えたかったことはなんでしょう」

要旨を読み取る発問です。要旨は9段落に詳しく書かれています。重要発問②で、高畑さんの具体的な感動を読み取っています。その内容と9段落の言葉とをつなげながら、筆者の一番伝えたいことを考えます。特に大事にしたい言葉は、「人類の宝」です。この言葉を深く読むために切り返し発問として、次のように問います。

「人類の宝」と「世界の宝」とはどう違いますか？

「人類」という言葉には、今の世界の人々だけでなく、これまで人間が受けつないできた歴史や、これから受け継いでいく未来のような言葉のイメージも含まれます。その言葉の意味を考えるために、「世界の宝」と比較して考えます。

③発問で見る単元の見取図

あなたが心に残ったことを交流しよう。

序論

話題提示

序論・本論・結論はどこで分けられますか？

①絵に対する解釈

②墨一色の線と濃淡だけで、動物を観察し、正確に描いている絵

③「漫画の祖」と言われる国宝の絵巻物『鳥獣戯画』

④絵を連続してかくことで時間を進めるアニメの祖『鳥獣戯画』

高畑さんは鳥獣戯画のどんなところに感動しましたか？

凡例

中心課題につながる重要発問

その他の発問

中心課題

高畑さんは、あなたたちに伝えたいことが少しでも伝わるように、どんな工夫をしたのでしょう。

結論	本論
要旨	詳しい説明

高畑さんがあなたたちにどうしても伝えたかったことはなんでしょう。

⑨12世紀に自由闊達なものを生み出し、今まで受け継がれてきた『鳥獣戯画』は人類の宝

⑧十二世紀から言葉と絵の力で物語を語ることが途切れることなく続いているのは日本文化の大きな特色

⑤漫画のようなことを昔にしていた

⑥筆さばきだけで動きや表情を表現している

⑦右から左へと次々と時間が流れていく絵巻

みんなが発表したことを仲間分けしてみよう。

これまで大切に受け継がれてきてこれからも大切にしていかなければいけないことは何だと思いますか？

2 発問を位置づけた単元計画

●単元の中心課題
◎単元の中心課題につながる重要発問
○その他の発問・指示
・子どもの反応

次／時	子どもの学習活動	主な発問と反応
第一次 1時	1 『鳥獣戯画』について想像する。 2 『「鳥獣戯画」を読む』というタイトルから内容を連想する。 3 教材文の範読を聞く。 ・驚いたり、おもしろかったり、心に残ったりした言葉に線を引く。 4 感想を書く。	○**『鳥獣戯画』とはどんなものだと思いますか？** ・「画」ってあるから絵なのかな。 ・「鳥」ってあるから動物の絵なのかな。 ○**『鳥獣戯画』は絵です。この説明文の題名は『「鳥獣戯画」を読む』です。『鳥獣戯画』と『「鳥獣戯画」を見る』とを比べてみましょう。** ・絵だと普通は「見る」なのに、「読む」には意味がありそうです。 ・「読む」だから、絵からお話を考えるのかな。 ・絵の歴史とかを考えるのかな。

2時

1　本時の学習課題「心に残ったことを交流しよう」を提示する。

2　音読をする。

3　「心に残ったこと」を発表する。

4　内容理解が不十分なところがあれば確認する。

5　本時の振り返りをする。

○**あなたが心に残ったことを交流しよう。**

・蛙が兎を投げ飛ばしたように見えるのが、アニメみたいですごいと思いました。

・12世紀という大昔に、漫画のふきだしみたいにしていることが心に残りました。

・写真がない時代に、本物の動物を観察して、本物と同じように描いていることがすごいと思いました。

・右から左にお話が進んでいく絵巻物の仕組みがおもしろかったです。

・850年もの間、受け継がれてきたことがすごいと思いました。

○**「実際に絵巻物を手にして、…投げ飛ばしたように感じられる」というところがわかりにくい子がいるようです。説明できる人はいますか？**

・3段落と4段落のページをもう一度早くめくってみてください。なんかアニメみたいでしょう。同じように、絵巻物が左へ進むとお話が進んでいるということです。

第二次 1時		
	1 本時の学習課題を確認する。 2 学習課題を意識しながら音読する。 3 自分で3つに分けてみる。 4 本論と結論の分かれ目について検討する。 5 序論と本論の分かれ目について検討する。 6 何型の説明文か考える。 7 本時の振り返りをする。	◎**序論・本論・結論はどこで分けられますか?** ○**序論と結論のどちらが考えやすかったですか?** ・序論は迷ったけど、結論は迷いませんでした。 ○**それでは、本論と結論の分かれ目から考えましょう。** ・9段落はそれまでの話がまとめられているし、「人類の宝なのだ」と伝えたいことも書かれているので、結論だと思います。8段落は「絵本や写し絵」などの具体例も書かれており、本論だと思います。 ○**序論と本論の分かれ目はどこですか?** ・1段落は絵のお話をしていて、2段落は絵の解説が書いてあるので、両方とも序論だと思います。 ・4段落のはじめに「どうだい」とあるので3、4段落はセットです。また3、4段落は『鳥獣戯画』の説明が書いてあるので、1~4段落が序論だと思います。 ・5段落のはじめに「もう少しくわしく絵を見てみよう」とあるから、5段落から本論だと思います。 ・4段落に「アニメの祖」とあるので、筆者の主張が書かれています。 ○**この説明文は何型の説明文ですか?** ・4段落に主張があるので双括型です。

2時

1　本時の学習課題を確認する。

2　高畑さんの感動が伝わる言葉に線を引きながら音読する。

3　高畑さんが感動したことがわかる言葉と、感動した内容を発表する。

4　高畑さんが感動したことを分類する。

5　分類したことが書かれている段落を確認する。

6　本時の振り返りをする。

◎高畑さんは鳥獣戯画のどんなところに感動しましたか？

・「こんな昔からやっているのだ」の、「こんな」「のだ」から、今の漫画の基となることが850年も前に考えられていたことに感動したと思います。

・「私たちに伝えてくれた」の「くれた」から、今も鳥獣戯画が伝えられてきたことに感動したと思います。

・「とぎれることなく…特色なのだ」から、これまで受け継がれてきたことに感動したと思います。

○みんなが発表したことを仲間分けしてみよう。

・みんなの考えは大きく3つに分けられます。

・1つめは、『鳥獣戯画』の絵のことです。2つめは、「絵巻物」の仕組みについてです。3つめは、『鳥獣戯画』の歴史のことです。

○それぞれどの段落に書かれていますか？

・絵のことは3、5、6段落に、「絵巻物」は4、7段落に、歴史のことは8、9段落に書かれています。

・9段落には、『鳥獣戯画』の絵をかいた人や「絵巻物」を考えた人のこともまとめられて書かれています。

3時

1　本時の学習課題を確認する。

2　高畑さんが一番伝えたかったことがわかる言葉に線を引きながら音読する。

3　要旨を一人で考える。

4　自分が考えた要旨を交流する。

5　本時の振り返りをする。

◎高畑さんがあなたたちにどうしても伝えたかったことはなんでしょう。

・高畑さんが一番伝えたいことは、9段落に書かれています。

・「何物にもとらわれない自由な心」から、新しくクリエイティブに考えることが大切だということを伝えたいと思います。

・「自由闊達」から、これまで自由な発想をもち続けてきた日本文化のすばらしさを伝えたいと思います。

○「人類の宝」と「世界の宝」とはどう違いますか？

・「世界の宝」は今大切にされているもの、「人類の宝」はこれまでも大切にされてきてこれからも大切にしていかなければいけないもの、という違いがあると思います。

○これまで大切に受け継がれてきて、これからも大切にしていかなければいけないことは何だと思いますか？

・何物にもとらわれない自由な心をもつこと。

・これからも、発展させながら受け継いでいくという気持ちです。

第三次 1時		
	1 本時の学習課題を確認する。 2 工夫されていると思うところに線を引きながら音読する。 3 自分の考えをノートにまとめる。 4 考えを交流する。 5 本時の振り返りをする。	**●高畑さんは、あなたたちに伝えたいことが少しでも伝わるように、どんな工夫をしたのでしょう。** ・「はっけよい、のこった」で文章を始めることで、読者の意表をついて、『鳥獣戯画』に興味をもてるように、序論を工夫したと思います。 ・「ページをめくってごらん」と、目で見てわかるように工夫しています。 ・はじめは、『鳥獣戯画』の絵のことから話を始めて、だんだんと絵巻物、歴史というように論を展開しています。わかりやすい絵のことから話を始めることで、読みやすくしています。 ・「どうだい」「ごらん」などの話しかけているような言葉を使い、高畑さんのお話を聞いているみたいにしています。 ・文章の最後で、「ちがいない」「なのだ」などの言い切るような文末表現を使って、説得力を高めています。 ・絵をたくさん示してわかりやすくしています。 **○分類するとどんな工夫がありましたか？** ・絵の示し方　・言葉の表現 ・論の展開

3　授業展開例

①第二次3時の授業展開例

T　説明文は、あなたたちにどうしても伝えたいことがあって書かれたものです。**高畑さんがあなたたちにどうしても伝えたかったことはなんでしょう。**

説明文は、筆者が読者である子どもたちに伝えたいことがあって書かれたものです。ここでは、子どもたちには「筆者が伝えたいこと」と投げかけるのではなく、「高畑さんがあなたたちに伝えたいこと」と投げかけることが重要です。説明文は、筆者が読者に語りかけてくるものです。つまり、筆者と読者のコミュニケーションとも言えます。筆者ではなく「高畑さん」と言い、「あなた」という言葉を使うことで、それを意識することができます。子どもたちにとって、言葉が並んでいるようにしか見えない説明文の裏にいる高畑さんを意識することで、一つひとつの言葉を大切に読むことができます。

T　高畑さんが一番伝えたかったことがわかる言葉に線を引きながら音読を聞きましょう。

まずは、線を引かせます。これはとても重要な活動です。「筆者が伝えたいことは何ですか?」と聞いてしまうと、説明文全体の印象やこれまでの学習の記憶だけで考えてしまいます。線を引くことで、これまで読み流していた言葉をしっかりと考えることができます。はじめは文全体に線を引く子が多いのですが、言葉を丁寧に読むことを繰り返すことで、文ではなく、「自由闊達」「人類の宝」などの短い言葉に線を引くことができるようになります。

線を引いた言葉から考えた筆者の伝えたいことを交流します。

T　高畑さんが伝えたいことはどの段落に書かれていますか?
C　結論の9段落に書かれています。

T　どの言葉に着目しましたか？　その言葉から考えたことを交流しましょう。

C　「ひとつひとつの…のびのびしている」から、当時の人がのびのびと生きていたこと、そして、今に生きる自分たちもそうであってほしいという思いがあると思います。

C　「何物にもとらわれない自由な心」から、「こうあるべきだ」と考えるのではなく、新しくクリエイティブに考えることが大切だということを伝えたいと思います。

C　「自由闊達」から、自由な発想をもち続けてきた日本文化のすばらしさを伝えたいと思います。そして、『鳥獣戯画』から始まった言葉と絵で物語を語る文化を、絵本や写し絵とそれぞれの時代に発展させてきました。それぞれの時代に生きた「自由闊達」な人たちに対する尊敬と、自分たちもそうありたいということを伝えたいと思います。

このように、線を引いた言葉から考えを広げたことを発表させます。

言葉を見つけ、その言葉から考えを広げていくことが大切です。このような活動を繰り返していくことで、言葉にこだわり、言葉を大切にする子どもが育ちます。

9段落には、「自由な心をもつこと」「受け継いできたこと」の2つのことが書かれています。１～８段落の言葉とつなげながら、これらを明らかにしていきます。

さらに深めるために、最後の一文に着目した切り返しの発問をします。

T　様々な言葉から考えを深めましたね。最後の一文を音読してみましょう。

T　最後に「人類の宝」という言葉が使われています。高畑さんは、「世界の宝」ではなく、あえてこの言葉を選んだんですね。「人類の宝」と「世界の宝」とはどう違いますか？

C　「世界の宝」も「人類の宝」も両方ともとても大切な価値があるものです。

C　「世界の宝」は、今大切にされているものというイメージが強いです。それに対して「人類の宝」は、今も大切にされているけど、これまでの人たちが大切にしてきた歴史もあると感じます。

C　私も同感で、これまでも大切にされてきて、さらにこれからも大切にしていかなければいけないものという意味が込められていると思います。

T　なるほど。「人類」という言葉には、「現在」とともに、これまでの「歴史」と、これからの「未来」という意味が込められているのですね。

このように、「人類」という言葉を読み深めるために、「世界」という言葉と比較します。「『人類』という言葉に込められた意味はなんでしょう」と聞くだけでは、どのように考えたらよいのかがわかりにくいものですが、比較させることで考えやすくなります。似ているけれど、少し違う言葉を提示することで、考えやすくなるのです。

これまで、９段落の言葉から、高畑さんが伝えたいことを様々な観点から考えてきました。最後に、まとめの発問をします。

T　これまで大切に受け継がれてきて、これからも大切にしていかなければいけないことは何だと思いますか?

C　私は、８５０年前の人々の何物にもとらわれない自由な心を大切にしていくべきだと思います。

C　これまでに「自由な心」を守り続けてきた人がいて、これからも「自由な心」を守り続けていかないといけないということだと思います。

C　『鳥獣戯画』を絵本や写し絵と発展させてきた人々の、創造的で自由な心も伝えていかないといけないと思います。

T　どうやって伝えていくのですか？

C　絵や漫画、アニメの世界ではなくても、自分が一生懸命に取り組む世界で、何事にもとらわれずに自由な心をもって取り組む人に、私がなることで伝えられていくと思います。

「人類」という言葉から、高畑さんの願いまで読みを深めることができます。『鳥獣戯画』を生み出した当時の人々の自由な心と、それを守り続けてきた人々の思い、それをそれぞれの時代に発展させてきた人々。高畑さんの、これらの名もなき人々に対する思いを読み取ると同時に、それを受け継いでいってほしいという願いを、子どもたちに感じ取ってほしいものです。

②第三次1時の授業展開例

本時の授業では、『「鳥獣戯画」を読む』は筆者のものの見方や自分の考えを少しでもわかりやすく伝えるために、様々な工夫をしています。

1つめは、言葉の表現の工夫です。文中の言葉一つひとつに意図があり、「その名はなんと、かわず掛け」などの体言止めや、「どうだい」などの語りかけるような言葉など、様々な工夫がされています。

2つめは、絵の示し方です。つながっている絵を分けて示したことでアニメーションを実感できるようにしています。

3つめは、論の展開の工夫です。『鳥獣戯画』という子どもにとってなじみがないものに興味をもたせるために、リズム感のある物語から文章を始め、絵、絵巻物、歴史というふうに話を進めます。子どもが興味をもちやすいものから、だんだんとなじみが薄いものへ話を展開していくことで、読みやすくしています。これも論の展開の工夫です。

これらの工夫は、前時に考えた筆者が伝えたいことをわかりやすく伝えるための工夫です。まずは、前時に学習した、要旨を確認します。

T　高畑さんは、『「鳥獣戯画」を読む』を通して、あなたたちにどんなことを伝えたかったのですか？

C　12世紀に自由闊達なものを生み出した自由な心をもった人がいたことと、それを守り続けた人たちがいたことです。そして自分たちもその思いを受け継いでいくことだと思います。

T　説明文では、読者のあなたたちに伝えたいことが少しでもわかりやすく伝わるように様々な工夫やしかけをしています。『「鳥獣戯画」を読む』で、1つでも思いつくことはありますか？

C　ページをめくるとアニメみたいに見えるところです。

T　そうですね。よく気がつきました。他にもたくさんあります。言葉一つひとつにも工夫がしてあるものです。できるだけたくさん見つけながら、音読をしましょう。

いくつか発表させることで、この後見つける工夫やしかけをイメージしやすくなります。

そして、音読をします。そのときに、工夫だと感じたところに線を引かせます。

T　**高畑さんは、あなたたちに伝えたいことが少しでも伝わるように、どんな工夫をしたのでしょう。**

C　1段落を物語のような文章から始めることで読者の意表をつき、『鳥獣戯画』を知らない人でも興味をもって読み進められるようにしたと思います。

C　「ページをめくってごらん」と、絵を2つに分けてアニメーションを実感できるように工夫しています。

C　絵をたくさん示してわかりやすくしています。

C　「どうだい」「ごらん」などの話しかけるような言葉を使い、高畑さんのお話を聞いているみたいにしています。そうすることで、読者の私たちは、「自分に言っているんだ」という気持ちになり、読みやすくなります。

C　文章の最後の方は「ちがいない」「なのだ」などの言い切るような文末を増やして、説得力を高めています。

C　私は、『「鳥獣戯画」を読む』という題名も工夫だと思います。普通なら「『鳥獣戯画』を見る」です。でも「読む」とすることで、絵の動物たちの表情を見て、どういう気分を表しているのかを私たちに考えてほしいというメッセージになっているのだと思います。

子どもたちにとって一番難しいのは、論の展開の工夫です。子どもたちだけで気がつかない場合は、次のように投げかけ、考えさせます。

T 『「鳥獣戯画」を読む』には、①『鳥獣戯画』の絵、②絵巻物、③歴史の3つのお話がありましたね。お話の順番も①→②→③の順でした。でも、高畑さんが一番伝えたいことは、③歴史のお話が中心になりましたね。このお話の順番にも意味があるのでしょうか。

C 読者にとって一番わかりやすい『鳥獣戯画』の絵のことから話を始めることで、読みやすくしているのだと思います。

C わかりやすい絵から絵巻物、歴史というように、だんだんとわかりにくい話にしているのだと思います。はじめから850年前の人の話をしたら、「もう読みたくないな」と思ってしまうからです。わかりやすい絵のことから話を始めることで、読みやすくしています。

T　なるほど。説明する順番にも意味があるのですね。

最後に、これまでの工夫を整理します。次時以降に「日本文化を発信しよう」の学習をします。これまでに学習した工夫を生かして文を書く学習です。ポイントは、大まかな内容ごとに整理して板書しておくことです。板書を見ながら子どもたちに次のように問いかけます。

T　たくさんの工夫やしかけを見つけましたね。黒板を見てみましょう。みなさんが見つけた工夫はいくつに分類することができますか?

C　3つに分けることができます。1つめは、絵の示し方の工夫です。

C　2つめは、言葉の表現の工夫です。文末や言葉づかいを工夫しています。

C　3つめは、論の展開の工夫です。わかりやすい内容から順にお話を展開していることです。

工夫を価値づけることで、次時以降につなげることができます。

第11章 イースター島にはなぜ森林がないのか

小林康宏

1　教材分析と単元構想

①教材分析と説明文を読み解くための中心課題

『イースター島にはなぜ森林がないのか』（東京書籍6年）は東京大学名誉教授である生物学者の鷲谷いづみにより書かれた説明文です。

日本の高校生の読解力が過去最低の15位となったＰＩＳＡ２０１８には、「ラパヌイ島（イースター島の別名）」にフィールドワークに行った大学教授のブログや書評、サイエンスニュースを読み取る問題が出されていましたが、この中のサイエンスニュースに本教材に重なる内容が書かれています。また、中学2年の教材である『モアイは語る』（光村図書）にもイースター島の環境や文明の崩壊に関する内容が書かれています。おもしろいことに、話題は重なっていますが、イースター島の環境や文明の崩壊の原因についての内容は異なっています。さらに、ウィキペディアを見ると、イースター島の文明や環境が崩壊したことに関する様々な原因が書かれています。従って、多様な考えと出合える入り口として本教材を位置づけることができますし、比べ読みをする中で、筆者の考えの客観性を吟味することもできます。また、客観的な根拠に裏打ちされた論理展開についても、本教材で学ぶことができます。

本教材を文章構成図にまとめると次のようになります。

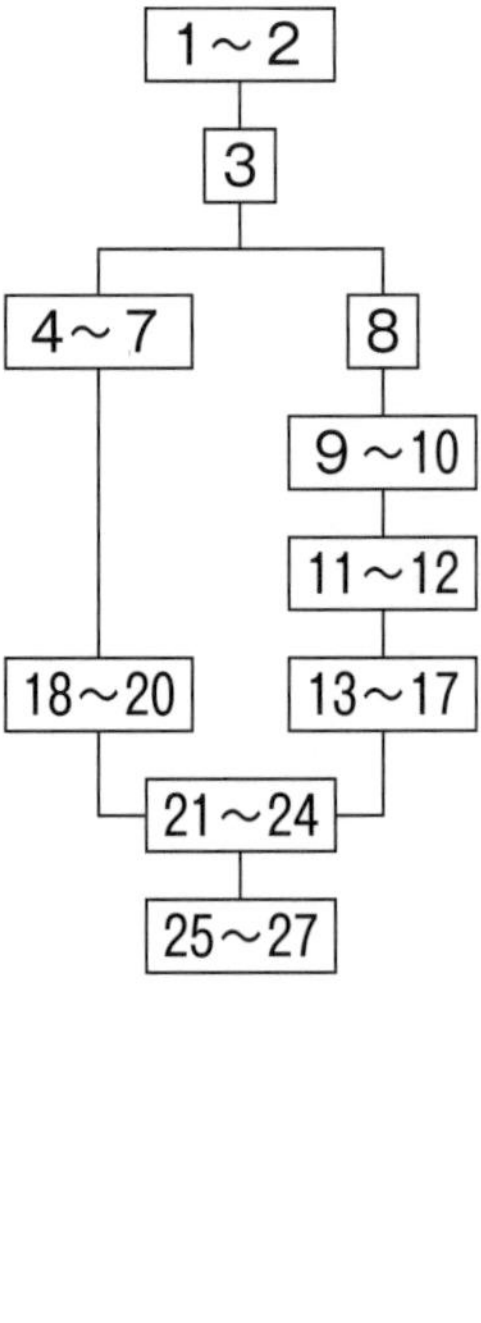

文章構成図でおもしろいことは、ラットについての内容が、4～7段落でいったん述べられた後、18段落～20段落で再び述べられている点です。7段落まで読んだ読者は、先が

どうなるのだろうと興味をもって読み進めていきます。

ただ、本教材は、ミステリーを読み解いていくような楽しさはあるのですが、客観的な根拠に裏づけられた論理展開になっているかというと疑問が生じます。

イースター島の森林が伐採されたのは、遺跡調査と花粉分析の根拠から、農地確保、船の建造、モアイ像の運搬のためであるとされています。問題はここからです。伐採されたヤシが再生されなかった原因としてあげられているのはラットですが、原著の『生態系を蘇らせる』（2001、NHKブックス）を含め、その考えがどのような根拠に基づいているのかは一切示されていません。また、「野生化したラットが、ヤシの木の再生をさまたげたらしいのだ」のように、推量の形となっている箇所も多く見受けられます。

従って、筆者が示すイースター島の文明や環境が破壊されたことに関する因果関係を整理したうえで、事実と意見の区別をしていくことで、客観的な根拠に裏づけられた論理展開の必要性を子どもたちに学ばせていくこともできます。

筆者の主張については、比べ読みを行い相対化し、論の進め方については客観性を吟味し、建設的で批判的な読みを展開していくことを中心課題（**「筆者の考えと論の進め方に意見を述べよう」**）とします。

②単元構想と発問

筆者の主張を相対化し、論の進め方について吟味し建設的な批判的読みを展開していくためには、大きく3つの流れが必要になります。1つめは、文章全体の内容と構成を把握することです。どんなことがどのような順序で書かれているかを正確に把握しなければ、文章に対して客観性に裏づけられた評価をすることは不可能です。2つめは、論理展開を把握することです。ここであげた「論理展開」と「構成」とは異なります。「構成」は序論・本論・結論のように、文章中、事柄が書かれている「位置」を基にして判断していくものです。一方、「論理展開」は、考え方を基にして判断していくものです。従って、事実が先に書かれていて意見が後に書かれていようと、意見が先に書かれていて事実が後に書かれていようと、論理展開としては「事実―意見」の型になっていると判断します。その際、確かな事実に基づいた意見なのかどうかということは、論理展開をしていく足場が固められているかどうかという点で精査する必要があります。3つめは、内容、構成、論理展開を把握したうえで文章に対する自分の考えを表明することです。このとき大切なことは、書き手の思いを想像することです。

以上に基づき、以下のような重要発問を位置づけます。

重要発問①

「要旨をまとめよう」

このとき、字数の条件もあわせて示します。条件があることで要旨の抽象度が変わります。文字数が50文字程度であれば最終段落から要旨をまとめざるを得ませんが、一般には文章全体を見渡して編集することが望ましいです。序論で投げられた問いに始まり、本論で示された端的な答えが続き、結論から筆者の考えを取り出し、自然につながるようにしてまとめます。この一連の活動は難しくはありません。それまでの学習でまとめたことをつないでいけばよいからです。例えば200字でまとめた要旨は次のようになります。

「現在森林のほとんどないイースター島は西暦400年には島全体が森林におおわれていた。森林が失われた大きな原因は様々な目的で森林を切り開いたことである。さらに、ポリネシア人の上陸時に、船から逃げたラットがヤシの木の再生を妨げたと考えられる。森林破壊が食糧不足と人口の著しい減少につながった。自然の利用法を誤り、生態系を傷つけると人々は悲惨で厳しい運命をたどる。子孫に思いを巡らす文化を築きたい」

重要発問②

「因果関係を整理しよう」

本教材は、イースター島の環境や文明が何によって崩壊していったかという因果が、3段階で示されています。このことを図式化させていくと理解が早くなります。

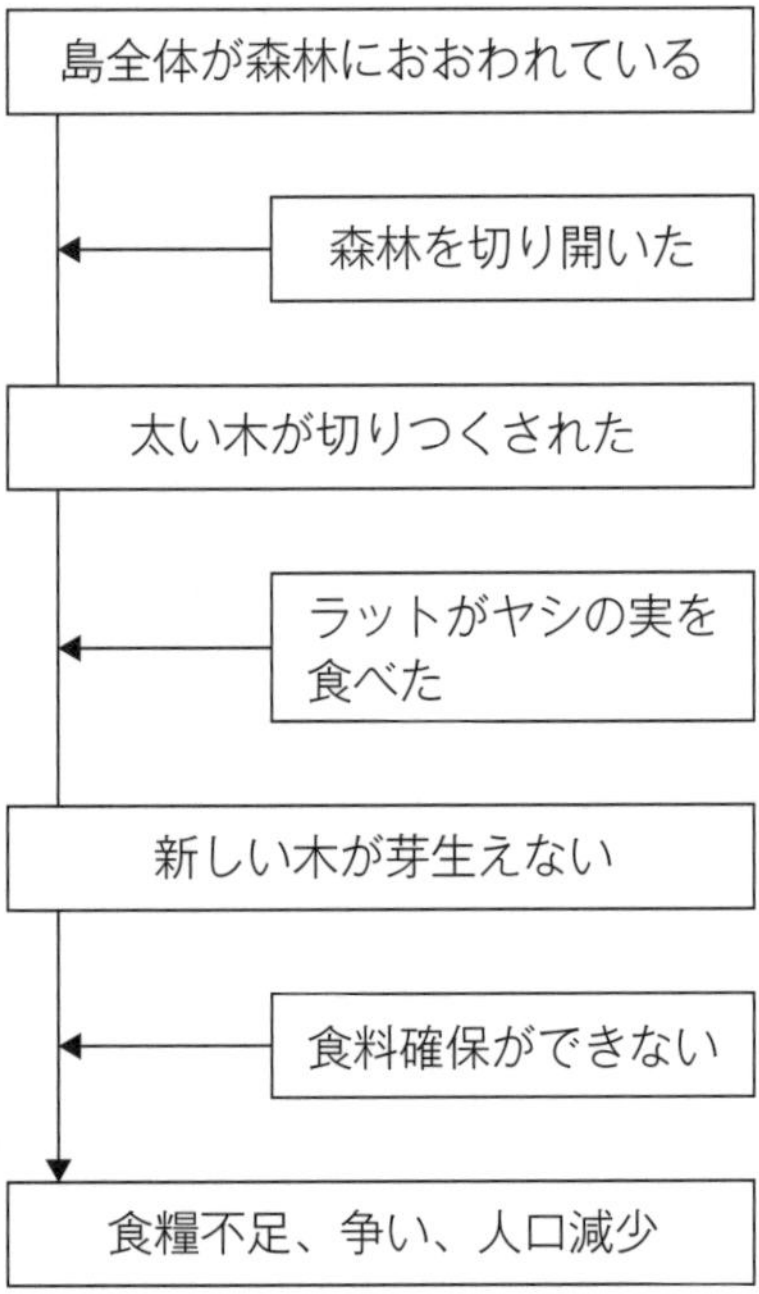
島全体が森林におおわれている
森林を切り開いた
太い木が切りつくされた
ラットがヤシの実を食べた
新しい木が芽生えない
食料確保ができない
食糧不足、争い、人口減少

原因と結果を視覚化していく際には、このように、はじめどうだったものが、何によって、どうなったかということがよくわかるように位置づけていくことが必要です。本教材はきれいに位置づきます。

③発問で見る単元の見取図

序論　問い

説明

序論・本論・結論に分けて「問い」を見つけよう。

①～②現在森林のほとんどないイースター島は西暦４００年ごろには島全体が森林に覆われていた。

③森林は、なぜ、どのようにして失われたのか。

本論の大きな3つの内容を読み取ろう。

⑧大きな原因は様々な目的で森林を切り開いたことである。

⑨～⑩農地にするため

④～⑦1600年前ポリネシア人の上陸時に、船からラットが逃げた。

凡例

中心課題につながる重要発問

その他の発問

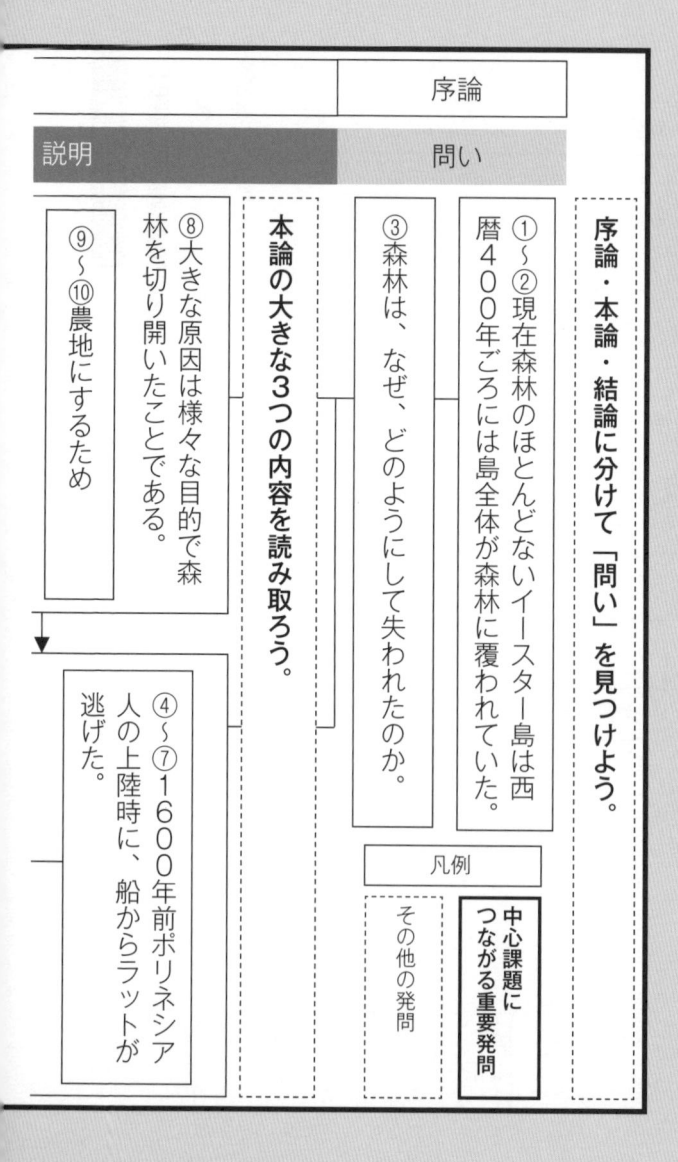

本論

詳しい

⑪～⑫丸木船にするため

⑬～⑰宗教的・文化的な目的

⑱～⑳ラットがヤシの木の再生を妨げた。

㉑～㉔森林破壊が食糧不足と人口の著しい減少につながった。

結論

まとめと思い

まとめと筆者の思いを読み取ろう。

㉕～㉗自然の利用法を誤り、生態系を傷つけると人々は悲惨で厳しい運命をたどる。子孫に思いを巡らす文化を築きたい。

要旨をまとめよう。

因果関係を整理しよう。

事実と意見を区別しよう。

ウィキペディアと比べてみよう。

中心課題

筆者の考えと論の進め方に意見を述べよう。

2 発問を位置づけた単元計画

●単元の中心課題
◎単元の中心課題につながる重要発問
○その他の発問
・子どもの反応

次／時	子どもの学習活動	主な発問と反応
第一次 1時	1 イースター島について知っていることを出し合う。 2 教材文を音読し感想を書く。 3 感想を交流し学習の目的をもつ。	○**イースター島について知っていることはありますか？** ・テレビでイースター島のモアイ像を見ました。 ○**内容から思ったことや書き方から思ったことを書こう。** ・イースター島が滅んだ原因がたくさんあってわかりやすく書いてあった。原因を詳しく読み取りたいな。
第二次 1時	1 本時の学習課題を確認する。 2 序論・本論・結論の区切れ目を考え合う。 3 「問い」は何か考え合う。 4 本時の振り返りをする。	○**序論・本論・結論に分けて「問い」を見つけよう。** ○**序論・本論・結論の役割に沿って3つに分けよう。** ・序論は1～3段落、結論は25～27段落です。 ○**「問い」は何ですか？** ・「森林は、なぜ、どのようにして失われたのか」です。

第11章
イースター島には なぜ森林がないのか

時	学習活動	発問・指示
2時	1 本時の学習課題を確認する。 2 本時の学習の見通しを確認する。 3 内容の区切りを意識して本論の音読をする。 4 各自で3つの内容に分ける。 5 3つの内容のまとまりを学級全体で確認する。 6 森林を切り開く3つの目的について確認する。 7 ラットの影響をまとめる。 8 結果的にどうなったかまとめる。 9 本時の振り返りをする。	**○本論の大きな3つの内容を読み取ろう。** **○「森林を切り開いたこと」「ラットの話」「結果」の3つに区切って読み取りましょう。** **○3つに分けてみよう。ただし、ラットの話は2か所に書いてあるので気をつけましょう。** ・森林を切り開いたことは8～17段落です。 ・ラットの話は4～7段落と18～20段落です。 ・結果は21～24段落です。 **○森林を切り開いた3つの目的は何ですか？** ・農地にするためです。 ・丸木船をつくるためです。 ・宗教的、文化的な目的のためです。 **○ラットの話を短くまとめてみましょう。** ・船から逃げ出したラットが繁殖して、ヤシの実を食べたので、新しい木が芽生えず育ちませんでした。 **○ヤシの森林が破壊されて、イースター島はどうなりましたか？** ・深刻な食糧不足になり人口が三分の一になりました。

3時	1　本時の学習課題を確認する。 2　本時の学習の見通しを確認する。 3　まとめと筆者の思いをまとめる。 4　各自で要旨をまとめる。 5　要旨を検討する。 6　本時の振り返りをする。	**○まとめと筆者の思いを読み取ろう。** **○25～27段落を、調べたことからわかったことと、そこから筆者が訴えたいことに分けて考えてみよう。結論のところを音読してから考えましょう。** ・まとめは「自然の利用法を誤り、生態系を傷つけると人々は悲惨で厳しい運命をたどる」です。 ・筆者の思いは「子孫に思いをめぐらす文化を築きたい」です。 **○要旨をまとめよう。** **○まず個人でタブレットを使い200字程度でまとめます。何を参考にすると手早くまとめられそうですか?** ・今までまとめてきた序論・本論・結論それぞれの要点をまとめたものを使うとよいと思います。 **○個人で考えたものをグループでまとめてみましょう。グループの考えをホワイトボードにまとめて黒板に貼りましょう。** **○グループの代表の人は発表してください。自分たちの考えと比べながら聞きましょう。** ・今までまとめてきたものを使うと、だいたいどのグループも似ている感じになるなぁ。

4時

1 本時の学習課題を確認する。

2 本時の学習の見通しを確認する。

3 1段階目について一斉指導で取り組ませる。

4 2段階目以降は、各自で因果関係を図式化し、全体で確認する。

5 事実と考えに分ける。

6 気づいたことを出し合う。

7 本時の振り返りをする。

◎**因果関係を整理しよう。**

○**「元の状態」「原因」「結果」のようにして図に表してみましょう。**

※p281で示した関係図のうち、1段階目の「元の状態」「原因」「結果」を内容を空欄にして示す。

・一番はじめのイースター島が森林に覆われている状態から数えると、3段階になったぞ。

・因果関係がはっきりしているからこの文章はわかりやすい。

◎**事実と意見を区別しよう。**

○**それぞれの文の述語を見て、事実の文だったら述語の右横に○、考えの文だったら述語の右横に△をつけましょう。**

○**原因と結果のことをあわせて、気づいたことはありませんか。**

・ラットの話については事実と考えが混ざっている。

・この文章で書いてあることは本当のことなのかなぁ。

5時

1 学習の動機づけを図る。
2 本時の学習課題を確認する。
3 本時の学習の見通しを確認する。
4 わかったことをノートにまとめ、全体で交流する。
5 教材文と比較して思ったことをノートに書き、発表し合う。
6 本時の振り返りをする。

○イースター島の文明が崩壊した原因は一体何でしょう？
◎ウィキペディアと比べてみよう。
○タブレットを使ってウィキペディアのイースター島の文明崩壊についての記事を見つけ、わかったことをノートに書き出しましょう。
・自然破壊が原因という考えが見つかった。
・ネズミに食べられたという考えもあった。
・イースター島で発掘された植物の種にネズミにかじられた跡があったということも書いてある。
・西洋人による侵略というのもあった。
・イースター島の住民同士は争っていなかったという考えも見つけた。
○教科書の文章とみなさんが調べたことを比べて思ったことをノートに書きましょう。
・教科書だけ読むと、その通りだと信じていたけど、いろんな考えがあって驚いた。
・ラットの話は調べてみると証拠のようなものがあったけど、教科書には書いていないので、どうして書かなかったのかなと思った。

第三次 1時

1 本時の学習課題を確認する。
2 本時の学習の見通しを確認する。
3 自分の考えをノートにまとめる。
4 考えを交流する。
5 本時の振り返りをする。

●筆者の考えと論の進め方に意見を述べよう。
○3段階で意見をつくりましょう。
①考えや論の進め方について思ったこと
②筆者はきっとこう思っていた
③今後生かしたいこと

・①私は、筆者の論の進め方について反対するところがあります。それは、きちんと調べた事実を基にして書いていないところです。事実が基になっていないと、考えの説得力がなくなってしまいます。
②けれども、筆者は本当は調べていたけれど、それを書くと小学生には難しいから、書かなかったのかもしれないとも思います。
③でも、私はこれから文章を書くときには、説得力を大切にしたいので、基にした事実をきちんと示したいと思います。

・ぼくは、本当にイースター島の人は森林を切り過ぎたのかわからなくなりました。あんなに立派なモアイ像をつくれるだけの賢さがある人たちだったら…

3　授業展開例

①第二次4時の授業展開例

これまでの授業で子どもたちは、本教材の構成や内容の把握ができています。本教材は、大変説得力のある書き方になっています。本時ではまず、説得力が生まれるしかけについて学んでいきます。

T　これまでの学習で『イースター島にはなぜ森林がないのか』の内容はよくわかったと思います。みなさん、この文章に納得しましたか?

C　はい、とても納得できました。

T　では今日は、説得力のある文章の秘密について学んでいきましょう。そのためにやりたいことはこれです。**「因果関係を整理しよう」**です。

この後、因果関係とは、「はじめの状態がどんな原因によってどうなったか」ということを示すものであることを説明し、イースター島の環境や文明の崩壊について図式化させていきます。黒板で図式化していきながら、次のように、最初の因果関係の組み合わせを一斉指導で行い、その後で各自で考えさせていくと、子どもたちは迷いなく活動を進めていくことができます。

T　一番はじめのイースター島はどんな状態でしたか?
C　島全体が森林に覆われていました。
T　それが17段落ではどうなってしまいましたか?
C　太い木が切りつくされてしまいました。
T　それはなぜですか?
C　森林を切り開いたからです。
T　太い木が切りつくされた後、どうなったでしょうか?　この後、因果関係をもう2段階つくることができます。「太い木が切りつくされた」をはじめの状態にして、1人でやってみましょう。

このようにして、やり方をつかませた後、各自で活動させます。その後、全体で共有して、p281で示したような関係図を完成させます。

そのうえで次のように投げかけます。

T　みなさんがまとめたように、因果関係がきちんとしていることが、説得力を感じるもとになっているかもしれないですね。説得力がある文章でもう1つとても大切なことがあります。それは、事実を基にして考えが書かれているということです。この文章も、事実を基にして考えが書かれているか確かめてみましょう。

そして、事実か考えかを見分けるにはどのようにするのか尋ねます。

T　「事実」と「考え」はどのように見分けますか?

C 「考え」は「だろうか」とか「らしい」が文の終わりに来ます。

C 「事実」は「森林におおわれていた」みたいに、文の終わりにいろんな言葉がついていないものです。

T では、それぞれの文の述語を見て、事実の文だったら述語の右横に○、考えの文だったら述語の右横に△をつけましょう。

文章全体を個別で行ってもよいですが、グループ内で分担して行わせてもよいでしょう。区別が終わったら、気づいたことを尋ねます。このとき、ラットがヤシの木の再生を妨げたことについて触れた発言が出てこない場合もあります。そういったときには、因果関係で作成した図の「原因」に関して焦点化して、事実か考えかを尋ねていきます。

T 「ラットがヤシの実を食べた」というのは「事実」ですか?

C 「考え」です。20段落に「そのラットたちが…ようなのである」とあるからです。

これまで説得力があると思っていた考えを大きく揺さぶり、本時を終えます。

②第二次5時の授業展開例

子どもたちは、教科書に掲載されている文章に対しては絶対の信頼をもっています。けれども、子どもたちに指導すべきことは、学習指導要領で定められた指導事項です。教科書は指導事項の達成のための主たる教材です。教科書の内容の正しさを教えるのではなく、教科書を使って指導事項の指導をするわけですから、そのための手段として、教科書教材の内容や表現に対してメスを入れていくことは、避けなければならないことではありません。むしろ、教科書教材のように権威を帯びているものに対しても客観的に対峙する態度は、主体的な社会の形成者となるために、子どもたちに身につけさせたい力でもあります。

子どもたちは、前時、説得力のある文章だと思っていた教材文が、事実確認をしていくことで、根拠が見えない考えが表れてきたことで、論の進め方に対する圧倒的な信頼感が大きく揺らいでいます。

そこで、本時は比べ読みをして、教材文に書かれている内容を相対化していきます。

T　ラットがヤシの実を食べたということの証拠は、教科書の文章にはありませんでしたね。では、イースター島の文明が崩壊してしまった原因は何だと思いますか?

C　木を切るだけじゃなくて、ヤシの実も自分たちで食べたのかも。

C　どんどん畑を広くしていったのかな。

C　でも、モアイ像みたいな立派な像をつくった賢い人たちが、木を切りつくすみたいなことをするかなぁ…。

子どもたちが考えていることは、それこそ、「事実」に基づいたものではありません。そこで、現在知ることのできる様々な説に触れさせていきます。

T　「きっとこうかなぁ…」と考えているだけでは難しそうですね。そこで、他の資料から調べてみて、教科書の文章と比べてみましょう。今日の学習課題は、**「ウィキペディアと比べてみよう」**です。

ウィキペディアは、不特定多数の人が書き込みができます。そのため、信頼性が保証されているわけではありません。その点について、あらかじめ子どもたちに説明します。ただし、ウィキペディアには記事の引用元が明示されているものがあります。そこをたどれば、ある程度の信頼性は担保することができます。ウィキペディアを授業で使うことに抵抗がある方もいると思いますが、イースター島の文明が崩壊したことに関するバックデータを伴う多様な説がウィキペディアに掲載されていること、また、タブレット端末等から容易にアクセスができ、調べやすいことから、本時では、ウィキペディアを使っていきます。

授業では、まず各自で内容を読み取らせていきます。わかったことは箇条書きにさせます。そして、個人で調べたことを全体交流で出させ、共有します。

T　調べてみてどんなことがわかりましたか?
C　教科書のように、自然破壊が原因という考えが見つかりました。
C　教科書に似ていて、ネズミに食べられたという考えもありました。
C　つけ足しで、イースター島で発掘された植物の種にネズミにかじられた跡があったという事実も見つけました。
C　西洋人による侵略というのもありました。

C　イースター島の住民同士は争っていなかったという考えも見つけました。

そのうえで、教科書の文章との比較をさせます。「書かれていることに対して自分の考えをもちましょう」という問いは、特に説明文の手引きによく見られますが、子どものもち合わせている知識や論理は、そのままでは教科書の文章を相対化するほどの質・量はないのが普通です。従って、このように、比べ読みをすることにより、子どもたちに自分の考えをもつ足場をつくります。

T　教科書の文章とみなさんが調べたことを比べて思ったことをノートに書きましょう。
C　教科書だけ読むと、その通りだと信じていたけど、いろんな考えがあって驚いた。
C　ラットの話は調べてみると証拠のようなものがあったけど、教科書には書いていないので、どうして書かなかったのかなと思った。

論の進め方について、また、内容について、教材文の絶対性を揺るがしたうえで、次時(最終時)は、内容・書き方について自分の考えをもたせていきます。

③第三次1時の授業展開例

T　これまで学習してきて、筆者の論の進め方から真似をしたいことは何ですか？

C　原因と結果をきちんと書いていくことです。

T　原因と結果の関係はとてもわかりやすかったですね。では、論の進め方で改善した方がよいと思うことは何ですか？

C　事実に基づいて考えを述べることです。

T　そうですね。それは説明文を書くときの土台ですね。では、筆者の「考え」でいいなあと思ったことは何ですか？

C　子孫に深く思いを巡らすというのが、なるほどと思いました。

T　では、筆者の考えで、あまり納得いかないことはありますか？

C　イースター島の人が悲惨で厳しい運命になったのは、本当にラットが増えたのが大きな原因なのか疑問に思いました。

T　みなさん、いろんな受け止めがありますね。この時間は、**「筆者の考えと論の進め方に意見を述べよう」**を学習課題にしましょう。自分の考えをつくったら、みんなの考えも聞いてみましょう。

このようにして、教材文の論の進め方と筆者の考えについて、よいと思うこととそう思わないことの両方を出させてつり合いを取り、何を考えるのかの見通しをもたせたところで、自分の考えをつくっていくことを投げかけます。自分の考えについては、「①考えや論の進め方について思ったこと」「②筆者はきっとこう思っていた」「③今後生かしたいこと」の3つの要素で書かせていきます。

ポイントは「②筆者はきっとこう思っていた」と「③今後生かしたいこと」です。「②筆者はきっとこう思っていた」の要素を入れるのは、自分を筆者の立場に置いてみるためです。そうしないと、小学生の子どもたちは、ただ批判的な内容に終始してしまうことがあります。「③今後生かしたいこと」の要素を入れるのは、ここでの学びを自分の考え方、文章の書き方に生かすこと、また、まだまだ謎の多いイースター島の興亡への興味の継続のためです。学んだことを人ごとにせず、自分に役立てていくためです。

書かせるときには、何に対して書くのかを冒頭ではっきりさせるように指示します。たっぷりと時間を取って書かせ、書いたものは発表し合い、意見交換させていきます。単元のまとめの時間ですから、全員が発表し、発表したことに対して、意見をもらえるようにすることが望ましいでしょう。そのため、協働追究はグループ単位で行います。

T　グループになって書いたことを発表し合いましょう。一人の発表を聞いたら、それに対してどう思ったか意見を出し合いましょう。

C　①私は、筆者の論の進め方について反対するところがあります。それは、きちんと調べた事実を基にして書いていないところです。事実が基になっていないと、考えの説得力がなくなってしまいます。
②けれども、筆者は本当は調べていたけれど、それを書くと小学生には難しいから、書かなかったのかもしれないとも思います。
③でも、私はこれから文章を書くときには、説得力を大切にしたいので、基にした事実をきちんと示したいと思います。

C　確かに、筆者は調査の難しい内容をわかりやすくするため、工夫してくれたのかも。

教材文の揚げ足をとるのではなく、生かすようにして交流を進めていきます。

【執筆者一覧】

二瓶　弘行　序章
（桃山学院教育大学）

広山　隆行　第１章
（島根県松江市立大庭小学校）

弥延　浩史　第２章
（筑波大学附属小学校）

藤原　隆博　第３章
（東京都江戸川区立船堀第二小学校）

小林　康宏　第４章，第６章，第11章
（和歌山信愛大学）

青木　伸生　第５章
（筑波大学附属小学校）

比江嶋　哲　第７章
（宮崎県都城市立五十市小学校）

宍戸　寛昌　第８章
（立命館小学校）

嵐　　直人　第９章
（新潟県長岡市立大河津小学校）

河合　啓志　第10章
（大阪府池田市教育委員会）

【編著者紹介】

二瓶　弘行（にへい　ひろゆき）

桃山学院教育大学教授
前筑波大学附属小学校教諭
東京書籍小学校国語教科書『新編　新しい国語』編集委員

青木　伸生（あおき　のぶお）

筑波大学附属小学校教諭
全国国語授業研究会会長
教育出版小学校国語教科書『ひろがる言葉　小学国語』編集委員

【著者紹介】

国語“夢”塾（こくご“ゆめ”じゅく）

小学校国語　説明文の発問大全

2021年9月初版第1刷刊　©編著者　二瓶弘行　青木伸生
発行者　藤原光政
発行所　明治図書出版株式会社
http://www.meijitosho.co.jp
（企画）矢口郁雄（校正）大内奈々子
〒114-0023　東京都北区滝野川7-46-1
振替00160-5-151318　電話03(5907)6701
ご注文窓口　電話03(5907)6668

＊検印省略　組版所　株式会社木元省美堂

Printed in Japan　ISBN978-4-18-302727-6

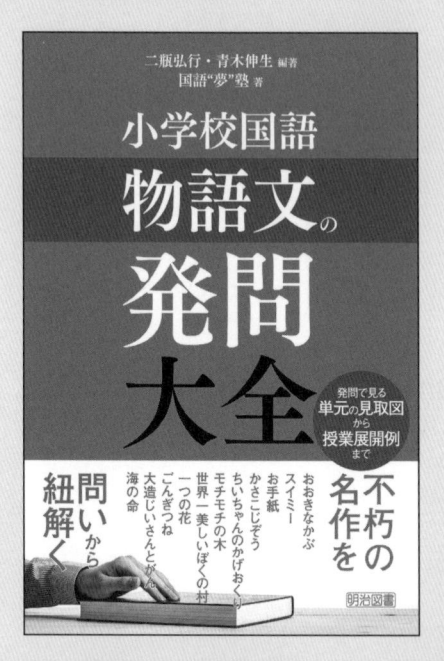